AF825005

Kriegführende Staaten

als Schuldner und Gläubiger feindlicher Staatsangehöriger

von

Professor Wilhelm Kaufmann.

BERLIN 1915.
J. Guttentag, Verlagsbuchhandlung,
G. m. b. H.

Inhaltsverzeichnis.

Abkürzung.

R. = Reglement, betreffend die Gesetze und Gebräuche des Landkrieges, Anlage zur 4. Haager Konvention vom 18. Oktober 1907.

Einleitung.

§ 1.

In vergangenen Zeiten gab es im Krieg keine Schranken der Gewaltübung gegenüber dem Feinde, weder gegenüber den Personen, noch gegenüber den Gütern der Feinde. Allmählich setzte dann das Völkerrecht auch der kriegerischen Gewaltübung Rechtsschranken und zwar viel weitergehende Rechtsschranken der Gewaltübung gegenüber den feindlichen Privatpersonen und deren Gütern, als der gegenüber dem feindlichen Staate und dessen Gütern.

Bekannt ist das allerdings in der Praxis noch nicht restlos durchgedrungene Axiom, nach heutigem Völkerrecht gebe es auf dem Lande kein kriegerisches Beuterecht mehr gegenüber feindlichem Privatgut. Anderseits steht fest, daß nach heutigem Völkerrecht das kriegerische Beuterecht gegenüber vielen Arten von Gütern des feindlichen Staates noch besteht. Ausgeübt wird das Beuterecht, soweit es noch existiert, nicht mehr zugunsten der einzelnen, welche die Sachen in Besitz nehmen, oder zugunsten der Truppen, sondern zugunsten des kriegsgegnerischen Staates.

Es gibt also nach heutigem Völkerrecht noch ein Beuterecht gegenüber dem Feinde. Aber dasselbe ist völkerrechtlich begrenzt.

Erst seitdem durch das Völkerrecht der Ausübung der kriegerischen Gewalt Rechtsschranken gezogen sind und infolgedessen nicht mehr mit Ausbruch des Krieges alle Rechtsverhältnisse zum Feind erlöschen und nur Gewaltverhältnisse übrig bleiben, kann von Rechtsverhältnissen zwischen kriegführenden Staaten und den Angehörigen feindlicher Staaten die Rede sein.

Speziell sind daher auch die Rechtsverhältnisse kriegführender Staaten als Schuldner und Gläubiger feindlicher Staatsangehöriger in oberster Linie unbedingt vom Völkerkriegsrecht abhängig.

Aber an sich werden die Rechtsverhältnisse zwischen Staaten und Angehörigen fremder Staaten und speziell die Rechtsverhältnisse von Staaten als Schuldner und Gläubiger von Angehörigen fremder Staaten zum großen Teil durch staatliches Recht reguliert.

Die mannigfachen Einwirkungen, welche der Krieg auf die Rechtsverhältnisse kriegführender Staaten als Schuldner und

Gläubiger feindlicher Staatsangehöriger übt, erstrecken sich direkt oder indirekt vielfach auch auf Rechtsverhältnisse zwischen anderen Personen, welche an sich auch wieder großenteils durch staatliches Recht reguliert sind.

So stellt sich die durch den Krieg veranlaßte Gestaltung und Umgestaltung der Rechtsverhältnisse kriegführender Staaten als Schuldner und Gläubiger feindlicher Staatsangehöriger praktisch als ein kompliziertes Ganzes rechtlicher Vorgänge dar, von denen jeder einzelne rechtlich in oberster Linie vom Völkerkriegsrecht abhängig ist, aber, soweit dieses Freiheit läßt, großenteils durch staatliches Recht reguliert wird.

Wohl kommt es vor, daß der einzelne Staat — namentlich insoweit es sich um Rechtsverhältnisse handelt, die an sich ganz oder großenteils durch staatliches Recht reguliert werden, — als kriegführender Staat in Hinsicht auf jene Rechtsverhältnisse Gesetze, Verordnungen usw. erläßt, deren Inhalt mit den Grundsätzen des Völkerkriegsrechts in Widerspruch steht. Aber jene staatlichen Regulierungen sind alsdann vom Standpunkt des Völkerrechts und der Völkergemeinschaft völkerrechtswidrig und insofern lediglich tatsächliche, nicht rechtliche Regulierungen.

Die einschlagenden Völkerrechtsnormen können die Verhältnisse der Individuen usw. unmittelbar oder nur mittelbar, d. h. vermittelt durch staatliche Anordnungen, haben regeln wollen. War ersteres ihr Sinn, so sind und bleiben sie insoweit rechtsmaßgeblich, selbst wenn der einzelne Staat staatliche Normen erläßt, die mit ihnen im Widerspruch stehen. Die Lehre, daß das Völkerrecht es nur mit den Verhältnissen zwischen Staaten zu tun habe, ist irrig. Sie widerspricht der Wirklichkeit und den Interessen der Völker.

Praktisch haben sich daher auch die Gerichte, selbst ohne es zu wollen, vielfach gegen jene Lehre entschieden. So z. B. der preußische Gerichtshof zur Entscheidung der Kompetenzkonflikte in dem bekannten Urteil vom 25. Juni 1910 i. S. v. Hellfeld / russischer Fiskus, indem er ausdrücklich erklärte, daß das Völkerrecht (im Inland und seitens der inländischen Gerichte) unmittelbar anzuwenden sei und nicht bloß, insoweit es als deutsches Gewohnheitsrecht (sc.: oder deutsches Staatsgesetz) aufgenommen sei.

Erster Abschnitt.

Kriegführende Staaten als Schuldner feindlicher Staatsangehöriger.

§ 2.

Wenn der Satz von der Unverletzlichkeit des feindlichen Privatgutes im Kriege (auf dem Lande) in seiner ganzen Tragweite restlos und allgemein als geltendes Völkerkriegsrecht feststände und anerkannt wäre und nichts anderes in Betracht käme, so ergäbe sich die Schlußfolgerung:

Zu dem Gute (Vermögen) der Privaten gehören die vermögensrechtlichen Forderungen derselben und so auch die Forderungen derselben gegen einen Staat und speziell auch die Forderungen gegen einen fremden Staat. Gerät der fremde Staat, welcher Schuldner aus der Forderung ist, mit dem Staate, welchem der private Gläubiger angehört, in Krieg, so bleibt infolge des völkerrechtlichen Grundsatzes der Unverletzlichkeit des feindlichen Privatgutes im Kriege die Schuld des kriegführenden Staates an den feindlichen Staatsangehörigen rechtlich vom Kriege unberührt und unverändert.

Das gilt, mag das Schuldverhältnis aus Staatsschuldverschreibungen herrühren oder auf anderen Rechtstiteln beruhen.

Der kriegführende Staat muß also auch während des Krieges allen seinen Verpflichtungen gegenüber dem feindlichen Staatsangehörigen aus diesen Schuldverhältnissen ebenso nachkommen, wie er es im Frieden müßte.

Er muß auch während des Krieges z. B. ihm die Zinsen und eventuell entsprechend übernommener Tilgungsverpflichtung das Kapital der Schuld aus der Schuldverschreibung bezahlen. Er muß diese Zahlung nicht bloß bei sich und in seiner Währung, sondern, wenn er sich dazu verpflichtet hatte, auch in dem Staate, mit dem er sich jetzt in Krieg befindet, und in dessen Währung leisten.

Er muß, wenn er sich dazu gegenüber seinen — jetzt feindlichen — Gläubigern verpflichtet hatte, auch während des Krieges fortgesetzt bei einer Bank ihres Landes ein entsprechendes Guthaben unterhalten, aus welchem diese Bank für ihn den Zins- und Kapitaltilgungsdienst gegenüber den feindlichen Anlehensgläubigern besorgt, oder aus welchem diese Bank z. B. als Bezogene dem feindlichen Inhaber eines Schecks des kriegführenden Staates Zahlung leistet.

Zur völligen Unverletzlichkeit der Forderungen der feindlichen Staatsangehörigen gegen den kriegführenden Staat würde ferner gehören, daß ersteren auch während des Krieges genau dieselben Rechtsbehelfe zur Geltendmachung und Durchführung ihrer Ansprüche gegen den letzteren eröffnet blieben, wie im Frieden, namentlich dieselben Rechtsbehelfe vor den eigenen Gerichten des jetzt kriegführenden Staates, und daß auch trotz des Krieges die Angemessenheit und Unparteilichkeit des Verfahrens und der Entscheidung dieser Gerichte gesichert bliebe.

§ 3.

Nach einer jetzt in der Praxis der Gerichte vieler Staaten und auch in der Theorie weitverbreiteten Tendenz sollen Klagen aus Forderungen gegen fremde Staaten vor inländischen Gerichten unzulässig sein, auch wenn die sonstigen Voraussetzungen der Zuständigkeit gegeben sind.

Ich erachte diese Tendenz nicht für im Völkerrecht begründet. Meines Erachtens beruht sie auf einer ungesunden Übertreibung der Idee der Souveränität des Staates oder vielmehr der Staatsgewalt und gleichzeitig auf einer Hintansetzung der Hoheit der Gerichte als Rechtsprechungsorgane. Aus beiden Gründen widerstreitet sie dem Grundwesen des Völkerrechts. Eine weitere Begründung dieser Ansicht und eine Ausführung der Folgerungen aus ihr für die Kriegszeit unterlasse ich aber an dieser Stelle. Hier gehe ich davon aus, daß tatsächlich auch in Deutschland die Gerichte und ein großer Teil der Theorie Klagen aus Forderungen gegen fremde Staaten vor inländischen Gerichten unter Berufung auf die Souveränität, die Unabhängigkeit und Gleichheit der Staaten in Friedenszeiten für unzulässig erachten. Es fragt sich: Welche Folgerungen ergeben sich von diesem Standpunkt aus für die Kriegszeit [1]?

Tatsächlich hat der Staat die Möglichkeit, über im Inland befindliche Vermögensgegenstände eines fremden Staates und dadurch mittelbar über jenen selbst Gewalt zu üben, ebenso weitgehend, wie er diese Möglichkeit gegenüber im Inland befindlichen

[1]) Vgl. auch § 7.

Vermögensgegenständen und dadurch mittelbar gegenüber den Personen von im Ausland befindlichen ausländischen Privatpersonen hat.

Das Völkerrecht schließt aber, wie jetzt angenommen wird, rechtlich die Befugnis des inländischen Staates aus, von jener tatsächlichen Möglichkeit gegenüber den inländischen Vermögensgegenständen und der Person des fremden Staates Gebrauch zu machen.

Besteht dieser rechtliche Ausschluß solcher Befugnis nach Völkerrecht auch während des Krieges fort?

In der tatsächlichen Möglichkeit der Gewaltübung sind zwei Richtungen zu unterscheiden, in Hinsicht auf welche beide die Befugnis zur Ausnutzung im Frieden völkerrechtlich ausgeschlossen ist:

1. die Möglichkeit, sich gewaltsam in den Besitz der inländischen Vermögensgegenstände behufs privatrechtlicher Aneignung zu setzen;
2. die Möglichkeit, eine staatliche Hoheitsgewalt mittelst Unterwerfung unter die Rechtsprechung der Gerichte und unter die Zwangsvollstreckung über die Vermögensgegenstände und dadurch mittelbar über die Person ihres Eigentümers, des feindlichen Staates, zu üben.

Im Krieg hat nach Völkerkriegsrecht der Staat die Befugnis, von der tatsächlichen Möglichkeit der Gewaltübung Gebrauch zu machen, um sich in den Besitz der inländischen Vermögensgegenstände des feindlichen Staates zu setzen und dadurch privates Eigentumsrecht usw. an denselben zu erwerben. Darf er im Krieg nach Völkerkriegsrecht die tatsächliche Möglichkeit der Gewaltübung auch in der anderen, staatshoheitlichen Richtung ausnutzen?

Nicht alle Mittel der Gewalt sind im Krieg gegen den feindlichen Staat zulässig (R. Art. 22).

Der Krieg ist Gewaltübung des Gleichen gegen den Gleichen. Zulässig ist daher im Kriege die Gewaltübung des Staates nur als Selbsthilfe, als gewalttätige Eigenmacht gegenüber dem Gleichen. So lange der Krieg noch dauert, ist nach Völkerkriegsrecht der feindliche Staat noch Gleichberechtigter, nicht ein dem diesseitigen Staat staatshoheitlich Unterworfener. Auch im Krieg ist nach Völkerrecht der kriegführende Staat nicht befugt, Akte staatshoheitlicher Gewalt als Herrscher gegenüber dem feindlichen Staate als Herrschafts-Unterworfenem vorzunehmen.

Wenn also die sog. Souveränität, Unabhängigkeit, Gleichheit der Staaten nach Völkerrecht Ausübung einer inländischen Gerichtsbarkeit über einen fremden Staat im Frieden ausschließt, so bleibt dieselbe nach Völkerrecht auch während des Krieges gegenüber dem feindlichen Staate ausgeschlossen.

Ein dennoch vorgenommener Akt inländischer Gerichtsbarkeit gegenüber dem feindlichen Staate wäre daher nach Völkerrecht — trotz seiner Form — nicht ein rechtlicher Akt staatlicher Hoheit, sondern ein Akt unzulässiger kriegerischer Selbsthilfe und Eigenmacht.

In solchem inländischen Prozeßverfahren handelte nach Völkerrecht nicht bloß der private Kläger, sondern auch der diesseitige Staat durch seine Gerichte gegenüber dem feindlichen Staate als Partei, nicht als Herrscher.

In der Tat gibt es im Kriege Fälle, wo in den Formen der Rechtsprechung kriegerische Gewalt befugterweise nach Völkerrecht geübt werden kann, um zu sichern, daß die kriegerischen Gewaltbefugnisse innerhalb der auch ihnen völkerrechtlich gezogenen Schranken ausgeübt werden. So die staatliche Prisengerichtsbarkeit, namentlich wenn dieselbe auch gegenüber genommenen feindlichen, nicht militärischen Staatsschiffen zuständig gemacht würde, wie es das Oxforder Manuel des Institut de Droit International über die Gesetze des Seekrieges in den Beziehungen zwischen Kriegführenden von 1913 (Art. 110, 33) vorschlägt.

Aber wenn die Zulassung des Rechtsweges vor den ordentlichen Gerichten gegen den feindlichen Staat als Akt kriegerischer Selbsthilfe und Eigenmacht verwendet würde, so würde damit der Charakter jener Gerichte und ihrer Betätigung wesentlich geändert. Sie wären nicht mehr eigentliche Rechtsprechungsorgane, sondern gleichzeitig Partei- und eine Art Kriegführungsorgane des diesseitigen Staates.

Ihre Urteile in vermögensrechtlichen Privatrechtsstreitigkeiten wären nach Völkerrecht im Verhältnis zu dem davon betroffenen feindlichen Staate keine Akte der Rechtsprechung.

Viel eher kann die Zwangsvollstreckung gegen inländische Sachen des fremden Staates, obwohl diese im Frieden auch nach meiner Auffassung völkerrechtlich unzulässig ist, während des Krieges nach Völkerkriegsrecht im Verhältnis zum feindlichen Staate zulässig erscheinen.

Zwar ist auch sie ein Hoheitsakt des inländischen Staates. Aber sie ist ihrem Wesen nach ein Akt tatsächlicher Gewaltübung

— auf Grund eines bereits anderweit feststehenden Rechtstitels. Die tatsächliche Hoheitsgewalt über jene Sachen aber hat, da sie sich im Inland befinden, der inländische Staat auch wirklich. Hingegen die Person des feindlichen Staates, die durch die inländische Urteilsrechtsprechung getroffen werden sollte, ist als solche tatsächlich nicht der Hoheitsgewalt des hiesigen Staates unterworfen.

Dazu kommt, daß der kriegführende Staat nach Völkerkriegsrecht unzweifelhaft die Befugnis hat, gewisse inländische Sachen des feindlichen Staates ohne jede frühere Berechtigung an ihnen und ohne jeden früheren Rechtstitel sich selbst durch Inbesitznahme gewaltsam anzueignen. Gegenüber dieser kriegerischen Gewaltbefugnis könnte die bloße Ausübung staatshoheitlicher Zwangsvollstreckungsgewalt in Hinsicht auf diese Sachen wohl als ein Minus aufgefaßt werden, welches als im Plus inbegriffen und deshalb nach Völkerkriegsrecht zulässig zu erachten wäre.

Dieser Gesichtspunkt könnte allerdings die Befugnis zur Unterwerfung unter die Zwangsvollstreckung nur in Hinsicht auf diejenigen inländischen Sachen des feindlichen Staates begründen, welche der kriegerischen Aneignung unterliegen, und nur, soweit sie der letzteren unterliegen. Also bezüglich mancher Arten beweglicher Sachen nicht und bezüglich der unbeweglichen Sachen nur bis zum Erwerb von Verwaltung und Nießbrauch (für die Dauer des Krieges), nicht bis zum Erwerb des Eigentums.

Das kriegerische Beschlagnahmerecht des Staates für sich selbst in Hinsicht auf diese feindlichen Staatssachen würde aber jedenfalls dergestalt den Vorrang haben, daß gegenüber seiner Ausübung auch Zwangsvollstreckungsakte, die an ihnen (während des Krieges) vorher für Private vorgenommen wären, ihre rechtliche Wirkung verlieren würden (vgl. §§ 17 und 23).

Keinesfalls ist anzunehmen, daß das Völkerkriegsrecht unmittelbar selbst die inländischen Sachen des feindlichen Staates der Zwangsvollstreckung unterwirft, sondern höchstens, daß es dem inländischen kriegführenden Staate die Freiheit läßt, dies seinerseits anzuordnen. Das gewöhnliche inländische staatliche Gesetz über Zwangsvollstreckung (ZPO. usw.) aber erstreckt sich auf diese Sachen nicht, da es sich auf dieselben nach dem im regulären Friedenszustande geltenden Völkerrecht gar nicht erstrecken kann. Daher müßte im Kriegsfall diese Erstreckung durch ein besonderes Gesetz des kriegführenden Staates angeordnet werden.

Erst dann würden Behörden des Staates befugt sein, auf Antrag von Privaten für dieselben Zwangsvollstreckungsakte in jene Sachen vorzunehmen.

Dadurch würden auch wenigstens Kollisionen mit dem vorgehenden eigenen Beschlagnahmerecht des kriegführenden Staates leichter vermieden, indem der kriegführende Staat ein solches besonderes Gesetz wohl nur in Hinsicht auf diejenigen feindlichen Staatssachen erließe, die er selbst für sich nicht beschlagnahmen will, oder auf die sein eigenes Beschlagnahmerecht sich nicht erstreckt. Ob er aber auch bezüglich der letzteren überhaupt die völkerrechtliche Befugnis zum Erlaß eines solchen Gesetzes hätte, erscheint nach dem oben Ausgeführten doppelt zweifelhaft.

Die ganze Frage der Zulässigkeit der Zwangsvollstreckung in inländische Sachen des feindlichen Staates während des Krieges wird praktisch meist überhaupt keine große Bedeutung haben. Denn in der Regel wird der inländische Staat sein eigenes Beschlagnahmerecht ausüben, soweit dasselbe reicht.

Sonst käme hauptsächlich noch in Frage, ob unter dem ersten oben angeführten Gesichtspunkt die Zwangsvollstreckung in inländische unbewegliche Sachen des feindlichen Staates nach Völkerrecht bis zum Eigentumserwerb gesteigert werden dürfte. Dies aber ist wiederum im höchsten Grade zweifelhaft.

Auch wäre anzunehmen, daß der Staat das inländische feindliche Gesandtschaftsgebäude nach Völkerkriegsrecht weder der eigenen Beschlagnahme noch der Zwangsvollstreckung unterwerfen darf, oder daß es wenigstens Ehrensache ist, dasselbe davon freizulassen.

Ähnlich würde es sich z. B. mit beweglichem, dem feindlichen Staate gehörigen Ausstellungsgut verhalten, das im Inland vom Kriegsausbruch überrascht wurde. Denn solches Ausstellungsgut pflegt unter ausdrücklicher oder stillschweigender Zusicherung eines internationalen Geleitsschutzes zu stehen, den auch im Kriege zu respektieren mindestens Ehrenpflicht wäre.

§ 4.

Selbst wenn die Unverletzlichkeit des feindlichen Privatgutes im Kriege an sich restlos und allgemein durch das Völkerrecht anerkannt wäre, könnte es infolge des Zusammenhanges zwischen diesen und anderen Kriegsverhältnissen kaum ausbleiben, daß

Forderungen feindlicher Staatsangehöriger an einen kriegführenden Staat gewissen Beeinträchtigungen im Kriege ausgesetzt wären.

So z. B. weil die im Inland befindlichen, vom feindlichen Staat ihnen zur Sicherung ihrer Forderungen verpfändeten Sachen desselben oder weil das Guthaben, welches der feindliche Schuldnerstaat kraft seiner gegenüber den inländischen Gläubigern eingegangenen Verpflichtung zur Versorgung des Schuldendienstes im Inland zu unterhalten hätte, als feindliches Staatsgut nach Völkerkriegsrecht der Beschlagnahme und Aneignung des kriegsgegnerischen hiesigen Staates unterlägen.

Es kann sich fragen, ob im Falle solcher kriegerischen Beschlagnahmen daraus

1. der feindliche Staat Einwendungen gegen die Ansprüche seiner diesseitigen Gläubiger,
2. die letzteren irgendwelche Entschädigungsansprüche gegen ihren eigenen beschlaglegenden Staat

herleiten können.

Diese Fragen sollen aber erst im III. Abschnitt §§ 23, 30—32 erörtert werden. Denn ihre Erörterung setzt die Klarlegung der Verhältnisse im allgemeinen voraus, welche sich aus dem kriegerischen Beschlagnahmerecht des diesseitigen Staates gegenüber den Sachen und speziell gegenüber den Forderungen des feindlichen Staates ergeben.

Auch noch aus anderen Gründen (Veränderung der Wechselkurse, Zahlungsbilanz, Mangel an inländischen Agenten usw.) würde dem feindlichen Staate die Erfüllung einer etwa gegenüber inländischen Anleihegläubigern eingegangenen Verpflichtung, nach deren Wahl die Zahlung der Anleihezinsen usw. auch an inländischen Zahlstellen und in inländischer Währung zu leisten, während des Krieges vielleicht bis zur Unmöglichkeit erschwert und verteuert sein. Anderseits würde gerade unter den Kriegsverhältnissen eine erhebliche Beeinträchtigung der Rechte der inländischen Gläubiger darin liegen, wenn sie nur noch im eigenen Lande des feindlichen Staates und in dessen möglicherweise stark gesunkenen Valuta ihre Zinscoupons usw. eingelöst bekämen.

Falls sie aber etwa im feindlichen Lande gegen den feindlichen Staat klagen müßten, drohte trotz aller formellen Garantien eine weitere starke Beeinträchtigung ihrer Rechte durch die Gefährdung der Unparteilichkeit der feindlichen Gerichte, Zeugen usw. unter dem Einfluß der Kriegsleidenschaften.

Speziell solche offenbar ungerechten und parteiischen Urteile feindlicher Gerichte können dann später Anlaß zu diplomatischen Reklamationen des Heimatstaates der Gläubiger geben, über welche im Friedensvertrage eine Verständigung erstrebt oder deren Austrag nach geschlossenem Frieden internationalen Schiedskommissionen und Schiedsgerichten anvertraut wird.

§ 5.

Aber die Unverletzlichkeit des feindlichen Privatgutes ist bis jetzt durch das Völkerkriegsrecht noch nicht so völlig und allgemein anerkannt und gesichert, daß speziell in Hinsicht auf Forderungen feindlicher Staatsangehöriger gegen kriegführende Staaten alle oben (in § 2) skizzierten und die sonstigen Konsequenzen jenes Grundsatzes ohne weiteres und allenthalben während eines Krieges fest und sicher stehen.

Das Reglement zur vierten Haager Konvention über die Gesetze und Gebräuche des Landkrieges vom 18. Oktober 1907 hat bekanntlich außer dem Grundsatz der Unverletzlichkeit des feindlichen Privateigentums im allgemeinen (R. Art. 46, 23 Abs. 1g) in dem auf deutschen Antrag aufgenommenen R. Art. 23 Abs. 1h:

„il est notamment interdit:

.....

h. de déclarer éteints, suspendus ou non recevables en justice, les droits et actions des nationaux de la Partie adverse“

eine Bestimmung gegeben, welche sich auf die Rechte und Forderungen der feindlichen Staatsangehörigen generell, daher auch auf die Forderungen derselben gegen den kriegsgegnerischen Staat selbst bezieht.

Aber entgegen dem Sinne, in welchem nicht bloß die Antragsteller, sondern die Allgemeinheit jene Bestimmung gemeint und verstanden hatten, ist die nicht sachentsprechende Unterbringung jener Bestimmung in das Reglement anstatt in die Konvention selbst nachträglich von britischer (und auch von amerikanischer) Seite benutzt worden, um jene Bestimmung in einem viel beschränkteren Sinne auszulegen: als ob sie sich nur auf die Maßnahmen der militärischen Befehlshaber auf dem Kriegsschauplatz und im okkupierten Gebiete bezöge (gemäß 4. Haager Konv. Art. 1).

Formell hat man ferner bekanntlich die Maßgeblichkeit jener ganzen vierten Haager Konvention nebst Reglement für den gegenwärtigen Krieg in Abrede gestellt, weil

1. nicht alle kriegführenden Staaten (Türkei, Serbien, Montenegro) dieselbe ratifiziert haben (4. Haager Konv., Art. 2)[1]) und
2. dieselbe sich nur auf den Landkrieg, nicht aber auf einen Krieg bezöge, der, wie der gegenwärtige, auch Seekrieg sei.

Es kommt daher für den gegenwärtigen Krieg auch auf die namentlich im Wege des Brauches und Herkommens ausgebildeten Völkerkriegsrechtsgrundsätze an, welche unabhängig von der vierten Haager Konvention vom 18. Oktober 1907 als in Geltung befindlich zu erachten sind. Standen dieselben bisher fest, so bilden gleichartige in der vierten Haager Konvention enthaltene Grundsätze jedenfalls eine weitere, wichtige Stütze für die Geltung derselben.

Aber gerade in Beziehung auf die Frage, welche Völkerkriegsrechtsgrundsätze hinsichtlich der Behandlung des feindlichen Privatgutes und speziell der Forderungen feindlicher Staatsangehöriger gelten, bestand nach der bisherigen Entwickelung ein erheblicher Unterschied und Gegensatz zwischen der Kriegspraxis und -theorie der europäisch-festländischen Völker einerseits und des britisch-nordamerikanischen Völkerkreises anderseits.

Die 4. Haager Konvention vom 18. Oktober 1907, welche der bisherigen Auffassung der europäisch-festländischen Völker näher steht, hat nach dem oben Ausgeführten nicht ausgereicht, um die praktische Bedeutung dieses früheren Gegensatzes zu beseitigen und der bisherigen europäisch-festländischen Auffassung allenthalben das Übergewicht zu verschaffen.

Vielmehr hat im gegenwärtigen Krieg die Verbindung Frankreichs und Rußlands mit Großbritannien dahin geführt, daß auch die beiden ersteren Staaten durch ihre Zahlungsverbote. und ihre sonstigen Maßnahmen gegenüber dem feindlichen Privatgut weitgehend die britische Auffassung und Behandlungsweise sich zu eigen gemacht haben.

Als Vergeltungsmaßregeln haben dann auch Deutschland und Österreich-Ungarn mittelst Zahlungsverboten und sonstigen Maßnahmen einen ähnlichen Standpunkt einnehmen müssen.

---

[1]) Die alte zweite Haager Konvention über die Gesetze und Gebräuche des Landkrieges vom 29. Juli 1899 war von sämtlichen jetzt kriegführenden Mächten ratifiziert worden. Auf Grund des Art. 4 der neuen vierten Haager Konvention vom 18. Oktober 1907 könnte daher die Maßgeblichkeit jener alten zweiten Haager Konvention von 1899 für den gegenwärtigen Krieg in Frage kommen. Die oben im Text erwähnte Bestimmung R. Art. 23 Abs. 1h war in dem Reglement, welches der alten zweiten Haager Konvention von 1899 angehängt war, noch nicht enthalten.

Es fehlt also viel daran, daß der Satz von der Unverletzlichkeit des feindlichen Privatgutes im Kriege in seiner ganzen Tragweite allgemein als geltendes Völkerrecht anerkannt wäre und praktisch feststände.

§ 6.

Doch war bisher gerade bezüglich der Schulden des Staates an feindliche Staatsangehörige übereinstimmend nicht bloß auf dem europäischen Festland, sondern auch in Großbritannien als geltender Völkerrechtsbrauch erachtet worden, daß dieselben (Kapital und Zinsen) auch während des Krieges bezahlt werden müssen[1]).

Jetzt aber sind nach dem Vorgang Großbritanniens von den kriegführenden Großmächten (anscheinend mit Ausnahme Japans?) die allgemeinen Zahlungsverbote erlassen.

Was Großbritannien betrifft, so ist im Trading with the Enemy Amendment Act vom 27. XI. 1914 sect. 8 (1) und (5) ausdrücklich die Übertragung auch der vom Staat ausgestellten Rentenpapiere und Obligationen, welche einem Feinde gehören, an dritte Personen für unwirksam erklärt. Das bekräftigt noch, daß unter den „all persons resident, carrying on business or being in our Dominions", welchen durch die Trading with the Enemy Proclamation Nr. 2 vom 9. IX. 1914 sect. 5 (1 sq.) Zahlungen an Feinde untersagt werden, auch der Staat oder die betreffenden zu Zahlungen für ihn zuständigen Staats- oder sonstigen Organe (Bank von England?) verstanden sind. Nur ist im Unterschied von anderen britischen Schuldnern für den britischen Staat als Schuldner durch den Trading Amendment Act vom 27. XI. 1914 sect. 2 (1) und (5) nicht bestimmt, daß die an Feinde geschuldeten Summen dem nach jenem Akt zu bestellenden Bewahrer feindlichen Eigentums zu überhändigen sind. In Gemäßheit eines Vorbehalts in der Trading Proclamation Nr. 2 vom 9. IX. 1914 sect. 8 sind durch Lizenz eines Staatssekretärs vom

---

[1]) Bluntschli, Das moderne Völkerrecht. 2. Aufl. 1872. Nr. 658. — Lueder, Landkriegsrecht in Holtzendorff, Handb. d. Völkerr. 1889. IV. S. 497. — Bonfils-Fauchille, Manuel de Droit International Public (6. éd. 1912), S. 699 (no. 1058). — Rivier Principes du Droit des Gens (1896). II. S. 234. — Hall (Atlay), International Law (5. ed. 1904). S. 437. Westlake, International Law (1. ed. 1907). II. S. 38—39. — A. Latifi, Effects of War on Property (1909). S. 40.

22. IX. 1914 die Personen, welche seitens der Lords Commissioners of His Majesty's Treasury dazu bevollmächtigt werden, befugt erklärt, im Namen der Treasury auch an Feinde solche Zahlungen zu leisten, die die Lords Commissioners von Zeit zu Zeit genehmigen. Aber es ist mir nicht bekannt geworden und ich glaube nicht, daß etwa auch die gewöhnlichen Verpflichtungen aus Staatsanleihen usw. auf Grund solcher besonderen Anordnungen gegenüber feindlichen Gläubigern erfüllt werden. Endlich ergibt sich aus der Einleitung Abs. 1 des Trading Amendment Act vom 27. XI. 1914, daß das so zurückbehaltene Geld aufbewahrt werden soll im Hinblick auf „arrangements" (Anordnungen? oder Verabredungen?), die beim Abschluß des Friedens zu treffen sind. Es handelt sich also nach den erlassenen Bestimmungen nicht bloß um einen Aufschub der Erfüllung bis nach Abschluß des Friedens, sondern es soll erst von den dann zu treffenden „arrangements" abhängen, was mit den zurückbehaltenen Schuldsummen geschehen soll.

In Deutschland ist durch die Bundesratsverordnung vom 30. September 1914, auf welche in den späteren diesbezüglichen Bundesratsverordnungen verwiesen wird, auch ganz allgemein, also auch für das Deutsche Reich oder die deutschen Einzelstaaten als Schuldner, bis auf weiteres verboten, Zahlungen an feindliche Gläubiger zu leisten, und gelten die Ansprüche der letzteren bis auf weiteres als gestundet mit der Maßgabe, daß die Stundung auch gegen die Erwerber der Ansprüche wirkt. Hier ist für alle Schuldner, also auch für das Deutsche Reich oder die deutschen Einzelstaaten als Schuldner, vorgesehen, daß sie sich von ihrer Verbindlichkeit durch Hinterlegung der geschuldeten Beträge bei der Reichsbank für Rechnung des Berechtigten befreien können. Doch werden die deutschen Staaten von dieser letzteren Befugnis wohl kaum Gebrauch machen. Nach der Verordnung des Bundesrates vom 21. November 1914 ist der Handel mit Schuldverschreibungen des Reiches oder eines deutschen Einzelstaates, die mit dem englischen Stempel versehen sind, verboten, sofern dieselben sich nicht seit dem 31. Juli 1914 ununterbrochen in Deutschland befunden haben.

Der russische Staat hat gleichfalls auf Grund des dort erlassenen allgemeinen Zahlungsverbotes die Zahlungen an feindliche Gläubiger, speziell auch an feindliche Gläubiger aus russischen Staatsanleihen, eingestellt.

Ebenso dürften die Dinge in Frankreich und Österreich-Ungarn liegen.

In der Türkei sind ausdrücklich durch besonderes Gesetz vom 7. Dezember 1914 Zins- und Kapitalzahlungen auf türkische Staatsobligationen und Schatzbons an Feinde für die Dauer des Krieges verboten.

Nach dem Vorgang Großbritanniens leisten also in dem jetzigen Kriege die kriegführenden Staaten (außer Japan?) als Schuldner nicht Zahlung an die feindlichen Gläubiger.

Die Zahlungsverbote im allgemeinen bedeuten bei den europäischen Festlandsstaaten eine Abweichung von dem, was bisher bei ihnen in Praxis und Theorie als geltender Völkerkriegsbrauch erachtet worden war. Dagegen kann man dies bezüglich Großbritanniens nicht sagen. Dort galt nach der bisherigen Überlieferung[1]: Privatschulden britischer Staatsangehöriger an feindliche Staatsangehörige (bzw. im Feindesland Domizilierte) können sequestriert (äußerstenfalles sogar konfisziert) werden; normalerweise wird für die Dauer des Krieges die Verpflichtung (und die Berechtigung) zur Zahlung von Kapitalschuld und Zinsen des Privaten an den feindlichen Privaten aufgeschoben, der Zinslauf sogar möglicherweise aufgehoben, und gewisse Verpflichtungen Privater gegenüber feindlichen Staatsangehörigen werden durch den Ausbruch des Krieges ohne weiteres annulliert.

Aber auch Großbritannien vertrat bisher als „Ausnahme von dem allgemeinen Satz" — insoweit also in Übereinstimmung mit den europäischen Festlandsstaaten — und zwar mit ganz besonderem Nachdruck den jetzt von ihm und erst nach seinem Vorgang von den anderen kriegführenden Staaten (mit Ausnahme Japans?) bezüglich der zweiten Hälfte verlassenen Satz, daß

„Money lent by individuals to a state is not confiscated, and the interest payable upon it is not sequestrated".

Der Engländer Hall[2]) bemerkt, die unbedingte Wahrung und Erfüllung der Schulden (einschließlich der Zinsschulden) des Staates an feindliche Staatsangehörige während des Krieges sei so fest im Völkerbrauch verankert, daß ein Verzicht des Staates auf jedes Abweichen von jenem Brauch angenommen werden müsse,

---

[1]) Latifi, aaO., S. (39 sq., 45 sq.) 51 sq.

[2]) Hall, aaO., S. 437—438.

falls der Staat nicht bei Begebung der Anleihe sich die Befugnis zur Anordnung einer Sequestration im Kriegsfall ausdrücklich vorbehalten habe. Er lasse dahingestellt, ob dieser im Völkerbrauch begründete Ausnahmesatz dem Selbstinteresse entsprungen oder darauf zurückzuführen sei, daß dem Staate Darlehen nur im Vertrauen auf eine Ehrenverpflichtung desselben gegeben würden, weil der Staat im Unterschied von anderen Schuldnern nicht durch Anrufung eines Gerichtshofes zur Erfüllung gezwungen werden könne.

In Kriegen Großbritanniens kam es häufiger vor, daß Briten Gläubiger des feindlichen Staates, als wie, daß Angehörige des feindlichen Staates Gläubiger des britischen Staates waren.

Jetzt aber haben sich die von Großbritannien initiierten Zahlungsverbote über jenen gerade nach britischer Auffassung so unbedingt geltenden Völkerrechtsbrauch hinweggesetzt. Nicht zu übersehen ist, daß Großbritanniens Verbündeter Rußland recht erhebliche Schulden an feindliche Staatsangehörige haben dürfte.

§ 7.

1. a) Nach dem Ausgeführten steht der Aufschub der Erfüllung der Verpflichtungen der kriegführenden Staaten und speziell ihrer Verpflichtungen aus Staatsanleihen gegenüber den feindlichen Staatsangehörigen — auch unabhängig von R. Art. 23 Abs. 1h — im Widerspruch mit dem bisher allgemein geltenden Völkerkriegsrecht. Die Verletzung des letzteren würde noch viel schwerer, wenn der Zinsenlauf der Staatsanleihen gegenüber den feindlichen Staatsangehörigen für die Kriegsdauer nicht bloß aufgeschoben, sondern aufgehoben würde. Dies scheint aber bis jetzt in keinem der kriegführenden Staaten geschehen zu sein.

Gegen den völkerrechtswidrigen Aufschub ist Anordnung einer Vergeltungsmaßregel zulässig, wie dies von seiten Deutschlands nach den vorangegangenen Maßnahmen der feindlichen Staaten geschehen ist.

b) In einigen kriegführenden Staaten ist auf Grund des Kriegszustandes den feindlichen Staatsangehörigen die Klagbefugnis vor den dortigen Gerichten (persona standi in judicio) genommen. So in Großbritannien gemäß traditionellen Kriegsrechtsgrundsatzes, nach Zeitungsnachrichten auch in Rußland.

In einigen der kriegführenden Staaten besteht aber überhaupt — auch im Frieden — dem Staate gegenüber wenigstens für gewisse

Ansprüche, speziell für solche aus Staatsanleihen, kein Klagrecht. So in Frankreich, Großbritannien (Rußland?) bezüglich der Ansprüche aus Staatsanleihen[1]).

Insoweit würde die obige, aus Anlaß des Kriegszustandes getroffene oder geltende Einrichtung zwar dem Ausschluß der Klagebefugnis gegen den Staat noch einen zweiten Grund hinzufügen, aber, da die Klagbefugnis aus dem anderen Grunde doch schon ausgeschlossen war, an dem bestehenden Zustand nichts ändern und insofern nicht völkerrechtswidrig sein.

Insoweit aber im Frieden der Rechtsweg gegen den Staat vor dessen Gerichten gegeben und jetzt den feindlichen Staatsangehörigen genommen wäre, würde dies urter Voraussetzung der Maßgeblichkeit der vierten Haager Konvention von 1907 bei richtiger Auslegung des R. Art. 23 Abs. 1h, die allerdings von Großbritannien als richtig nicht anerkannt wird, eine Völkerrechtsverletzung sein. Doch wird, wie schon erwähnt, die Maßgeblichkeit der ganzen vierten Haager Konvention aus anderen Gründen für den gegenwärtigen Krieg in Abrede gestellt.

Bei Nicht-Maßgeblichkeit derselben aber würde jene Anordnung nach dem bisherigen Völkerrechtsbrauch des europäischen Festlandes, jedoch nicht nach der bisherigen Auffassung und Praxis Großbritanniens eine Verletzung geltenden Völkerrechts sein. Daher könnte nach der festländischen Auffassung dagegen mit Vergeltungsmaßregeln reagiert werden, wenn auch nach britischer Auffassung zu einer solchen kein berechtigter Anlaß gegeben wäre.

2. Wenn nun die kriegführenden Staaten als Schuldner in völkerrechtswidriger Weise die Rechte ihrer feindlichen Gläubiger durch Zahlungsaufschub, Ausschluß oder Beschränkung des Rechtsweges oder sonstwie beeinträchtigt haben, so kann die Frage aufgeworfen werden, ob als Vergeltungsmaßregel der Heimatstaat dieser Gläubiger den Rechtsweg und die Zwangsvollstreckung gegen den feindlichen Staat während des Krieges im Inland zulassen kann, auch wenn diese Zulassung an sich (vgl. § 3) völkerrechtswidrig ist.

Diese Frage ist zu bejahen.

---

[1]) Freund, Schutz der Gläubiger gegenüber auswärtigen Schuldnerstaaten insbesondere bei auswärtigen Staatsanleihen (1910). S. 31. Derselbe, Rechtsverhältnisse der öffentlichen Anleihen (1907). S. 250.

Bestimmte Rechtsschranken sind den Kriegsrepressalien durch das Völkerrecht nicht gezogen. Von einem Verstoß gegen Menschlichkeit oder Moral könnte bei obigen Maßnahmen nicht die Rede sein. Sie würden aber auch mit der Anforderung im Einklang stehen, daß Repressalien sich möglichst in Beziehung zu der von der Gegenseite begangenen Verletzung der Völkerkriegsrechtsgrundsätze halten und eine jener Verletzung entsprechende und sie tunlichst ausgleichende Wirkung im Auge haben sollen[1]). Kriegsrepressalien können auch nicht bloß auf dem Kriegsschauplatz und durch militärische Befehlshaber[2]) verhängt werden. Denn Völkerkriegsrechtsverletzungen können — namentlich bei einem Kriege, wie dem gegenwärtigen, der auch durch wirtschaftliche Kampfmaßnahmen geführt wird, — auch anderwärts und durch andere Staatsorgane begangen werden.

Wiederholt muß aber betont werden, daß jene Maßnahmen, wenn sie als Repressalien verhängt würden, voraussichtlich erst recht nur eine sehr begrenzte praktische Bedeutung und Wirkung haben würden. Dies wurde, soweit es sich um das Inland des die Repressalie anordnenden kriegführenden Staates handelt, schon oben (§ 3) nachgewiesen. Hier sei noch hinzugefügt:

Kriegsrepressalien sind nicht Ausübung eines Rechtes, sondern Begehung einer durch die jenseitige Rechtsverletzung und durch die Kriegsnotwendigkeit veranlaßten und geboten erachteten Rechtsverletzung. Wenn die Zulassung des Rechtsweges und der Zwangsvollstreckung gegen den feindlichen Staat aber eine Völkerrechtswidrigkeit ist, so würden Urteile, die im Inland gegen den feindlichen Staat ergangen sind, nicht bloß im feindlichen Land, sondern auch in den neutralen Ländern weder Rechtskraft machen, noch vollstreckbar sein. Höchstens würde ihnen in Ländern von verbündeten Staaten solche Wirksamkeit beigemessen. In diesen Ländern aber würden durch das vorgehende eigene Beschlagnahmerecht des verbündeten Staates der Zwangsvollstreckung in dort befindliche Sachen des feindlichen Staates ebenso enge Grenzen gezogen sein, wie in dem kriegführenden Staat, welcher die Repressalienmaßnahme angeordnet hatte.

Zur Zulassung des Rechtsweges und der Zwangsvollstreckung gegen den feindlichen Staat als Kriegsrepressalie wegen drüben

---

[1]) Bonfils-Fauchille, aaO., nr. 1022 (nr. 1014—1026; 975—984), 980.
[2]) So zu eng Bonfils-Fauchille, aaO., nr. 1023.

begangener Verletzung des Völkerkriegsrechtes sind keinesfalls die inländischen Gerichte selbständig befugt. Als Kriegsakt steht die Anordnung von Kriegsrepressalien an sich selbständig der Exekutive zu. Immerhin muß sehr zweifelhaft erscheinen, ob auch die nur dem Gesetz unterworfenen Gerichte (GVG. § 1) auf Grund einer bloßen Anordnung der Exekutive Klagen und Zwangsvollstreckung gegen den feindlichen Staat zulassen könnten. Richtiger dürfte sein, daß auf Grund der durch die Exekutive erfolgten Feststellung des Vorhandenseins der die Repressalie rechtfertigenden völkerrechtlichen Voraussetzungen hierzu ein Akt der Gesetzgebung erforderlich ist. Gemäß Reichsgesetz vom 4. August 1914 § 3 wäre der Bundesrat als zum Erlaß entsprechender gesetzlicher Bestimmungen ermächtigt zu erachten. Nicht anwendbar dürfte E. z. ZPO. § 24 sein, da er Fälle voraussetzt, in denen eine Gerichtsbarkeit gegenüber dem fremden Staate, z. B. als Kläger, bereits gesetzlich gegeben ist.

Zweiter Abschnitt.

Kriegführende Staaten als Gläubiger feindlicher Staatsangehöriger.

§ 8.

Im Augenblicke des Ausbruches des Krieges können gegenüber dem kriegführenden Staate mannigfach verschiedenartige privatrechtliche Verpflichtungen feindlicher Staatsangehöriger bestehen.

Mit Rücksicht auf den Einfluß, den der Krieg auf solche Schuldverpflichtungen übt, lassen sich dieselben insbesondere in folgende zwei Gruppen teilen:

1. Schuldverpflichtungen, bei welchen es sich um die Herausgabe eines in den Händen des Schuldners befindlichen tatsächlichen Vermögenswertes des Gläubigerstaates handelt: z. B. Deposita von dem Gläubigerstaate gehörigen Wertpapieren, Kostbarkeiten, Geld; Kontokorrentguthaben des Staates bei feindlichen Banken. Ferner, wenn der Staat ihm gehörige Sachen vermietet oder verpachtet hatte, Ansprüche desselben nicht bloß auf die

vermietete oder verpachtete Sache, sondern auf rückständige Miet- oder Pachtzinse. Ansprüche des Staates auf Rückerstattung einer Vorleistung oder einer Bereicherung oder auf Schadensersatz aus nicht zur Erfüllung gelangten Verträgen. Sonstige Ansprüche des Staates aus ungerechtfertigter Bereicherung oder aus unerlaubten Handlungen. Praktisch wichtig sind vor allem die ersterwähnten Ansprüche und Verpflichtungen.

2. Verpflichtungen des Schuldners, welche bestehen, ohne daß sich in den Händen des Schuldners bereits ein Vermögenswert befindet, der tatsächlich ökonomisch ein Vermögenswert des Gläubigerstaates ist: z. B. Wechselverpflichtungen des Schuldners, für welche er erst später Deckung erhalten soll. Ein Kredit, den kraft Vertrages Banken dem Staate bis zu einer gewissen Höhe zu gewähren verpflichtet sind, ohne Deckung in Händen zu haben. Verpflichtungen aus beiderseits noch unerfüllten Lieferungsverträgen und darunter speziell aus Verträgen auf Lieferung von Kriegsmaterial.

Zwischen obigen beiden Gruppen stehen als eine Art Zwischengruppe z. B. Ansprüche des Staates als Versicherter aus Versicherungsverträgen. Die vom Staate gezahlten Versicherungsprämien sind nicht bloß formell Eigentum, sondern auch materiell eigenes Vermögen des Versicherers geworden. Aber bedingt, nämlich für den Fall des Eintrittes des schädigenden Ereignisses, gegen welches die Versicherung genommen war, besteht nicht bloß die Verpflichtung des Versicherers, sondern ist auch der in seinen Händen befindliche Vermögenswert, welchen er alsdann herauszuzahlen hat, materiell tatsächlich ein Vermögenswert des Gläubigerstaates.

Beide Gruppen (und die Zwischengruppe) von Verbindlichkeiten können infolge des Krieges bedeutenden Rechtsveränderungen als unmittelbare Folge von Rechtsanordnungen unterliegen.

Aber im Krieg, der Gewaltübung gegen den Feind ist, kommt es außerdem vielfach vor allem auf die reale Möglichkeit und Vollziehung der Vergewaltigung als Voraussetzung der Rechtsveränderung an.

In Hinsicht auf die erste Gruppe von Verbindlichkeiten bestehen nun solche reale Möglichkeiten, die in Hinsicht auf die zweite Gruppe nicht vorhanden sind. Deshalb ist die Unterscheidung der beiden Gruppen so wichtig.

§ 9.

Es fragt sich, inwieweit in Hinsicht auf die erste Gruppe von Verbindlichkeiten das Völkerkriegsrecht, das ja nicht mehr unbeschränkte Gewaltübung gegen den Feind gestattet, es rechtlich sanktioniert, daß von jenen realen Möglichkeiten der Gewaltübung Gebrauch gemacht wird und daran entsprechende rechtliche Wirkung knüpft.

Zwei allgemeine Gesichtspunkte lassen sich in dieser Beziehung hervorheben. Durch das Völkerrecht erscheint nach der einen Richtung die kriegerische Vergewaltigung ausgeschlossen, nach der anderen Richtung — möglicherweise — zugelassen:

1. Durch den Kriegsausbruch an sich erlöschen nach Völkerrecht die zu der ersten Gruppe gehörigen Verbindlichkeiten des feindlichen Staatsangehörigen gegenüber dem kriegsgegnerischen Staate nicht.

Nach heutigem Völkerkriegsrecht besteht zwar zugunsten des diesseitigen Staates, nicht aber zugunsten der diesseitigen Privaten ein Beuterecht am Gute des feindlichen Staates.

Daher ist das Erlöschen jener Verbindlichkeiten als unmittelbare Folge des Ausbruches des Krieges ausgeschlossen, da es eine kriegerische Übertragung von Vermögen des feindlichen Staates in das Vermögen diesseitiger Privater bedeuten würde.

Hingegen erscheint, wie bei dieser Gelegenheit erwähnt sei, die Annahme berechtigt, daß nach Völkerkriegsrecht gleichartige Verbindlichkeiten, die zwischen zwei in Krieg geratenden Staaten bestehen, unmittelbar mit Kriegsausbruch erlöschen. Wenn z. B. Frankreich und Großbritannien mit ihrem Verbündeten Rußland in Krieg gerieten, nachdem sie gegen dasselbe aus einem ihm gewährten Millionen- oder Milliardenvorschuß einen Darlehnsanspruch erworben hätten, so würde Rußlands Verpflichtung unmittelbar mit Kriegsausbruch erlöschen. Denn Voraussetzung des staatlichen Beuterechts im Kriege ist nur die tatsächliche Aneignung des betreffenden Gutes des feindlichen Staates. Rußland aber besäße in dem erwähnten Falle schon das feindliche corpus und an seinem animus der Aneignung wäre nicht zu zweifeln. Höchstens könnte also zur Beruhigung formalistischer Gemüter noch eine formelle Erklärung Rußlands erforderlich erachtet werden.

2. Der Umstand, daß bei der ersten Gruppe von Verbindlichkeiten sich ein tatsächlich dem feindlichen Staate gehöriger Ver-

mögenswert in der Hand des diesseitigen Staatsangehörigen befindet, ist von größter Wichtigkeit für die Frage, ob der diesseitige Staat nach Völkerrecht in der Lage ist, durch Maßnahmen gegen den diesseitigen Staatsangehörigen sein Beuterecht gegenüber dem feindlichen Staate auszuüben.

Darauf ist später (im III. Abschnitt) zurückzukommen. Hier aber sei schon darauf hingewiesen, daß umgekehrt für die Verneinung derselben Frage bezüglich der zweiten Gruppe von Verbindlichkeiten von ausschlaggebender Bedeutung ist, daß bei ihnen der diesseitige Schuldner keinen tatsächlichen Vermögenswert des feindlichen Staates in Händen hat.

§ 10.

Die Unterscheidung jener beiden Gruppen von Verbindlichkeiten ist aber auch noch aus einem anderen allgemeinen Gesichtspunkte wichtig:

Die Auslegung der Verträge (BGB. § 157)[1]), welche den zur zweiten Gruppe gehörigen Verbindlichkeiten zugrunde liegen, wird nach Treu und Glauben und mit Rücksicht auf die Verkehrssitte häufig dahin führen, daß infolge der durch den Kriegsausbruch hervorgerufenen Veränderung der Verhältnisse die Verträge als aufgehoben zu erachten sind, bzw. jedem Vertragsteil ein Rücktrittsrecht zusteht und bei dessen Ausübung jene aus den Verträgen erwachsenen Verbindlichkeiten als erloschen gelten.

So z. B. die Verbindlichkeit der Bank, dem feindlichen Staate noch Kredit zu gewähren. So wird der Wechselverpflichtete, der die Deckung von dem nun feindlich gewordenen Staate erst nachträglich erhalten sollte, gegen dessen Wechselanspruch nunmehr eine Einwendung haben. Namentlich wird bei den Lieferungsverträgen, speziell bei denen auf Lieferung von Kriegsmaterial, häufig, aber, wie mir scheint, nicht immer die Aufhebung, bzw. ein Rücktrittsrecht der Vertragschließenden infolge des Kriegsausbruches als gegeben zu erachten sein.

Dagegen wird die Auslegung der Verträge nicht dahin führen, daß infolge der Aufhebung derselben oder des Rücktrittes von denselben, zu welchem Anlaß und Berechtigung im Kriegsausbruch gegeben war, auch die Verbindlichkeiten der ersten Gruppe als

[1]) Motive zum BGB., Bd. II, S. 199. E. Kaufmann, Das Wesen des Völkerrechts und die clausula rebus sic stantibus (1911) S. 74, 69—79.

erloschen zu erachten sind, deren Gegenstand ist, daß der Schuldner einen in seinen Händen befindlichen Vermögenswert herauszugeben hat, der materiell tatsächlich ein Vermögenswert des jetzt feindlich gewordenen Gläubigerstaates ist. Eventuell würde an Stelle des Vertragsanspruches ein Anspruch des Gläubigerstaates auf Herausgabe der ungerechtfertigten Bereicherung treten.

Die aus der Auslegung der Verträge mit Kriegsausbruch sich ergebenden Veränderungen oder Nichtveränderungen derselben und der aus ihnen resultierenden Verbindlichkeiten treten (allenthalben) in internationaler Ausdehnung, d. h. nicht bloß in dem Staate des Schuldners, sondern auch in dem feindlichen Gläubigerstaate und in den neutralen Staaten ein.

§ 11.

Es hängt an sich von dem gewöhnlichen Internationalprivatrecht ab, welcher staatlichen Privatrechtsordnung die bei Ausbruch des Krieges gegenüber dem kriegführenden Staate bestehenden Verpflichtungen feindlicher Staatsangehöriger unterstehen. Es kann z. B. das Privatrecht des Staates des Schuldners nach dem internationalprivatrechtlichen Prinzip des Wohnsitzes oder der Staatsangehörigkeit des Schuldners oder nach dem Prinzip des Erfüllungsortes oder das Privatrecht des Gläubigerstaates z. B. auf Grund ausdrücklicher Vereinbarung zwischen Gläubiger und Schuldner maßgeblich sein.

1. Mit Ausbruch des Krieges treten Veränderungen in den Rechtsverhältnissen zwischen dem kriegführenden Gläubigerstaate und dem feindlichen Schuldner zunächst namentlich als Folge von tatsächlichen Maßnahmen und Rechtsanordnungen desjenigen Staates ein, welchem der Schuldner angehört.

Dieser letztere Staat verfügt möglicherweise kraft öffentlichen im Kriegszustande begründeten Rechtes als tatsächliche Maßnahmen Nichtzahlung der Schuld an den feindlichen Staat, vielleicht überdies statt dessen Zahlung der Schuld an ihn selbst.

Er trifft strafrechtliche, öffentlich-rechtliche, privatrechtliche, zivilprozessuale Rechtsanordnungen in Beziehung auf derartige Schuldverhältnisse. Zum großen Teil pflegen diese Rechtsanordnungen übrigens schon vor dem Kriegsausbruch für den Fall dieses Ausbruches erlassen und in den allgemeinen Strafrechts-, Privatrechtsordnungen usw. des Staates enthalten zu sein.

Befugt ist der Staat zu solchen Rechtsanordnungen und tatsächlichen Maßnahmen, soweit das Völkerrecht ihm die Freiheit dazu läßt.

Von Kriegsausbruch ab hat der feindliche Staat im diesseitigen Staate keine persona standi in judicio mehr und kann infolgedessen hier keine Klage gegen seinen diesseitigen Schuldner mehr anstrengen.

Von Kriegsausbruch ab darf der diesseitige Schuldner nach diesseitigem staatlichen Recht in der Regel seine Verpflichtungen gegen den feindlichen Staat nicht mehr erfüllen. Sonst würde er dem letzteren vorsätzlich Vorschub leisten und sich des Verbrechens der landesverräterischen Begünstigung (RStG. § 89) schuldig machen.

Nach diesseitigem Privatrecht wird der Schuldner mit Kriegsausbruch deshalb möglicherweise, z. B. bei Lieferungsverträgen, wegen nachträglich eingetretener rechtlicher Unmöglichkeit der Leistung von der Verpflichtung zur Leistung frei (BGB. §§ 275, 323).

Nach diesseitigem Privatrecht kommt in anderen Fällen, z. B. bei Geldschulden, der Schuldner deshalb bei Nichtleistung nicht in Verzug (BGB. § 285).

Möglicherweise erläßt der diesseitige Staat bei Kriegsausbruch noch besondere Anordnungen, durch welche er

a) die Erfüllung der Verbindlichkeiten an den feindlichen Staat während des Krieges — bei Strafe — untersagt und vielleicht außerdem
b) Stundung, d. h. Aufschub der Erfüllungspflicht, anordnet oder
c) die Verbindlichkeiten für erloschen erklärt oder
d) die Erfüllung der Verbindlichkeit an ihn selbst mit der Maßgabe vorschreibt, daß diese Leistung an ihn tilgende Wirkung gegenüber dem feindlichen Staate haben soll.

Behufs Erfüllung der Verbindlichkeit an ihn selbst schreitet er möglicherweise kraft staatlichen, im Kriegszustand begründeten Beschlagnahmerechtes unmittelbar zur Beschlagnahme eines entsprechenden Betrages usw. beim Schuldner.

Der Fall unter d (Konfiskation) wird später (im III. Abschnitt) näher erörtert.

2. Auch unmittelbar kraft Völkerrecht können mit Kriegsausbruch gewisse Veränderungen in jenen Rechtsverhältnissen

zwischen dem kriegführenden Staat und den feindlichen Schuldnern desselben eintreten. Denkbar wäre z. B., daß das Völkerrecht unmittelbar selbst die Erfüllung gewisser Verpflichtungen, z. B. zur Lieferung von Kriegsmaterial an den feindlichen Staat, untersagte und solche Lieferungsverträge für erloschen erklärte. Dann würden diese unmittelbaren völkerrechtlichen Anordnungen schlechthin in internationaler Ausdehnung, also nicht bloß im Heimatstaat des Schuldners, sondern auch im kriegsgegnerischen Staate und in den neutralen Staaten, maßgeblich und wirksam sein.

Aber in der Hauptsache beschränkt sich das Völkerrecht darauf, daß es den kriegführenden Staaten und speziell dem Heimatstaate des Schuldners Freiheit läßt, gewisse diesbezügliche Rechtsanordnungen und tatsächliche Maßnahmen zu treffen.

§ 12.

Überschreitet ein Staat durch seine Anordnungen und Maßnahmen die Grenzen der ihm durch das Völkerrecht gelassenen Freiheit, so sind dieselben als völkerrechtswidrig im Verhältnis zwischen den Staaten rechtsunwirksam. Verletzt er eine solche Norm des Völkerrechts, die unmittelbar auch nach innen in den Staaten gelten will, so ist die staatliche Anordnung oder Maßnahme auch nach innen rechtswidrig.

Aber auch wenn der Staat mit seinen Anordnungen und Maßnahmen sich innerhalb der Grenzen der ihm durch das Völkerrecht gelassenen Freiheit hält, so bleibt die wichtige Frage, welche rechtliche Tragweite das Völkerrecht den von ihm zugelassenen Anordnungen und Maßnahmen des Staates beimißt.

Möglich ist, daß sie in der vollen rechtlichen Tragweite, welche sie im Innern jenes Staates haben, nach Völkerrecht auch von dem feindlichen Staate und von den neutralen Staaten anerkannt werden müssen.

Aber im Zweifel ist dies nicht anzunehmen.

Denn es handelt sich um Akte, die, wenn sie sich auch an die Untertanen des Staates richten, gleichzeitig Kriegsakte, Akte kriegerischer Gewalt gegen den davon berührten feindlichen Staat sind. Nach Völkerkriegsrecht haben aber Kriegsakte gegen den Feind während des Krieges solche volle rechtliche Wirkung regelmäßig nur, wenn die tatsächliche Macht und Gewalt des dieselben vornehmenden kriegführenden Staates entsprechend weit reicht.

Deshalb ist im Zweifel anzunehmen, daß nach Völkerrecht da, wo die tatsächliche Macht jenes Staates nicht hinreicht, der frühere Rechtszustand zwischen den ihm angehörigen Schuldnern und dem feindlichen Staate als fortbestehend anzusehen ist.

Dies gilt im feindlichen Staate und auch in den neutralen Staaten.

Außerdem kann der feindliche Staat da, wo er herrscht, auch noch die im Kriegszustand zugelassenen öffentlich-rechtlichen, staatshoheitlichen Machtmittel gegen den Schuldner zur Herbeiführung der Leistung desselben anwenden, insoweit diese Leistung einem militärischen oder überhaupt einem kriegerischen Bedürfnis des feindlichen Staates entspricht.

Aber die vorstehenden, den Rechtszustand im feindlichen Staate und auch den in den neutralen Staaten betreffenden Grundsätze erfahren eine Einschränkung durch gewisse andere allgemein verbindliche Grundsätze des heutigen Völkerkriegsrechtes.

Nach heutigem Völkerrecht ist die Befugnis der kriegführenden Staaten zur kriegerischen Gewaltübung keine unbeschränkte (R. Art. 22).

Speziell muß nach heutigem Völkerkriegsrecht der kriegführende Staat wenigstens in gewissem[1]) Umfange die Treuepflicht der feindlichen Staatsangehörigen gegenüber ihrem feindlichen Heimatstaat respektieren und hat derselbe keineswegs eine völlig freie Befugnis, Angehörige des gegnerischen Staates zu einem Verhalten oder zu Akten zu nötigen, welche eine Mitwirkung derselben an der Kriegführung gegen letzteren oder eine unmittelbare militärisch-kriegerische Stärkung des ersteren Staates bedeuten würden. Er darf sie nicht zum Militärdienst, nicht zur Teilnahme an unmittelbaren militärischen Operationen gegen ihr Vaterland zwingen. Darüber hinaus bleibt es im einzelnen allerdings zweifelhaft und streitig, wie weit er sie auch nicht zu Handlungen und Dienstleistungen nötigen darf, die mehr mittelbar die kriegerischen Operationen fördern und sich gegen ihr Vaterland richten.

Jedenfalls kann aber, je nach Art und Inhalt der privatrechtlichen Verpflichtung des feindlichen Schuldners, auch in Beziehung

---

[1]) Anderseits hat er z. B. die Befugnis zu zwangsweiser Verhinderung der feindlichen Staatsangehörigen an der Rückkehr ins Vaterland behufs Erfüllung der Militärpflicht.

auf sie jene völkerkriegsrechtliche Beschränkung des kriegführenden Gläubigerstaates bedeutsam werden, indem er auch in Hinsicht auf ihre Erfüllung gegen den feindlichen Schuldner zwar in gewissem Umfange, aber nicht in allen Fällen und nicht unbeschränkt mit allen Mitteln, sei es privatrechtlich-zivilprozessualen, sei es öffentlich-rechtlichen im Kriegszustand begründeten Zwang ausüben darf.

Der neutrale Staat muß nach Völkerrecht jenes Treueverhältnis des Schuldners zu seinem Heimatstaat noch erheblich weitergehend respektieren. Zwar ist auch er weder verpflichtet noch berechtigt, im Wege des Zwanges den Schuldner zur Beobachtung seines Treueverhältnisses zum Heimatstaate anzuhalten[1]). Er ist ferner völkerrechtlich berechtigt und verpflichtet — bei Obwalten der sonstigen Voraussetzungen — es zuzulassen, daß der kriegführende Gläubigerstaat in dem neutralen Staat seine privatrechtliche Forderung gegen den feindlichen Staatsangehörigen im zivilprozessualen Wege geltend macht und durchführt. Aber er muß den freien Willen des Schuldners respektieren, nicht sein Loyalitätsverhältnis zum Heimatstaat bei der oder durch die Erfüllung der Verpflichtung gegenüber dem feindlichen Staate zu verletzen. Er muß anerkennen, daß sich hieraus nach Privatrecht unter Umständen Veränderungen in der Verpflichtung des Schuldners gegenüber dem Gläubigerstaate ergeben, und er muß daher im zivilprozessualen Verfahren, wenn der Schuldner es beantragt, bei der Verurteilung desselben oder bei der Zwangsvollstreckung gegen denselben für Maßnahmen sorgen, welche es ausschließen, daß während der Kriegsdauer der dem Schuldner angetane zivilprozessuale Erfüllungszwang objektiv zu einer kriegerischen Vorschubleistung zugunsten des feindlichen Gläubigerstaates führt. Zu öffentlich-rechtlichem, im Kriege begründeten Zwang wird für den neutralen Staat gegenüber jenem Schuldner als solchem kein Anlaß vorliegen. Er wird in dieser Hinsicht auch regelmäßig keinen Anlaß und keine völkerrechtliche Berechtigung haben, Anträgen, sei es des feindlichen Gläubigerstaates oder des Heimatstaates des Schuldners, Gehör zu schenken.

In Hinsicht auf die Freiheiten, welche nach obigem das Völkerkriegsrecht dem kriegführenden Heimatstaate des Schuldners

---

[1]) Aber er hat anderseits nicht die Befugnis, zwangsweise den Angehörigen eines kriegführenden Staates an der Rückkehr ins Vaterland behufs Erfüllung der Militärpflicht zu hindern.

und dem feindlichen Gläubigerstaate in Beziehung auf die Verpflichtungen des Schuldners läßt, und in Hinsicht auf die Pflichten, welche es ihnen und den neutralen Staaten bezüglich derselben auferlegt, kommt es nicht darauf an, ob an sich nach den Grundsätzen des gewöhnlichen Internationalprivatrechtes das eigene Privatrecht des Staates des Schuldners oder das Privatrecht des gegnerischen Staates für das Schuldverhältnis maßgeblich ist. Eventuell ist gegenüber dem an sich maßgeblichen fremden Privatrecht unter dem Gesichtspunkt der Vorbehaltsklausel oder der internationalen öffentlichen Ordnung (E. z. BGB. Art. 30) insoweit das eigene Privatrecht desjenigen Staates anzuwenden, welchem das erkennende Gericht angehört. Für das Privatrecht des letzteren Staates aber kommt z. B. in Betracht, daß nur nach dem Strafrecht des kriegführenden Staates, welchem der Schuldner angehört, nicht nach dem Strafrecht des feindlichen Staates oder des neutralen Staates es ein Verbrechen ist, wenn der Schuldner durch seine Leistung dem feindlichen Staate vorsätzlich Vorschub leistet (RStG. § 89).

Die privatrechtlichen Änderungen, welche nach dem Privatrecht des Staates des Schuldners in dessen Schuldverhältnis dadurch eintreten, daß Erfüllung seitens desselben nunmehr ein Verbrechen sein würde und ihm daher rechtlich unmöglich ist, sind infolgedessen nach dem Privatrecht des feindlichen Staates oder nach dem Privatrecht des neutralen Staates nicht in gleicher Weise anzuerkennen[1]). Dasselbe gilt auch für die Rückwirkungen sonstiger öffentlich-rechtlicher Rechtsanordnungen, Verbote und tatsächlicher Maßnahmen des kriegführenden Staates auf das privatrechtliche Verhältnis nach dem Privatrecht jenes Staates. Nach dem Privatrecht der anderen Staaten vermögen solche öffentlich-rechtlichen Rechtsanordnungen und tatsächlichen Maßnahmen des ersteren Staates, wenn überhaupt, so doch nicht schlechthin und nicht gleich weitgehend auf das privatrechtliche Verhältnis zurückzuwirken.

---

[1]) Oft kann es auch so liegen, daß das erkennende Gericht des feindlichen oder neutralen Staates diejenigen Grundsätze des Privatrechtes des Staates des Schuldners anzuwenden hat, welche unter der Voraussetzung maßgeblich sind, daß die Erfüllung der Verpflichtung seitens des Schuldners nach dem (Straf-) Rechte kein Verbrechen ist. Es würde dann also auf den Fall nur das Privatrecht des Staates des Schuldners anwenden. Aber es würde andere Grundsätze jenes Privatrechtes anwenden, als ein Gericht des Staates des Schuldners dies tun würde.

§ 13.

So ergibt sich, wenn wir die deutschen Rechtsbestimmungen einmal als Rechtsbestimmungen des kriegführenden Staates, welchem der Schuldner angehört, und dann als Rechtsbestimmungen des feindlichen Gläubigerstaates, bzw. als solche des neutralen Staates betrachten, während der Dauer des Krieges z. B. folgendes:

1. Der feindliche Gläubigerstaat kann — bei Vorhandensein der sonstigen Voraussetzungen der Zuständigkeit der Gerichte des betreffenden Staates — gegen den Schuldner nicht in dessen Staate wegen mangelnder persona standi in judicio, wohl aber in seinem Lande und in dem neutralen Lande klagen.

2. Im Staate des Schuldners ist möglicherweise

a) Verzug des Schuldners wegen Nichtleistung ausgeschlossen (BGB. § 285), weil er — bei Strafe — nicht leisten darf (RStG. § 89; Bundesratsverordn. v. 30. IX. 1914 §§ 1, 6), oder weil seine Verpflichtung gestundet ist (Bundesratsverordn. v. 30. IX. 1914 § 2);

b) die Zeit für die zulässige (und erforderliche) Vorlage eines Wechsels zur Zahlung und für die zulässige Protesterhebung wegen Nichtzahlung hinausgeschoben (Bundesratsverordn. v. 30. IX. 1914 § 4);

c) der Schuldner von der Verpflichtung zur Leistung frei geworden,

   α) weil die Leistung nachträglich zum Verbrechen (RStG. § 89) und dadurch rechtlich unmöglich geworden ist (BGB. § 275) (für die Dauer des Krieges oder darüber hinaus?); oder

   β) weil sie vom Staate des Schuldners als erloschen erklärt ist;

d) der Schuldner von der Verpflichtung gegenüber dem Gläubigerstaate frei geworden,

   α) weil er an seinen eigenen Staat geleistet hat, und diese Leistung (auf Grund eines Völkerkriegsrechtssatzes oder) auf Grund einer Rechtsanordnung seines Staates tilgende Wirkung gegenüber dem feindlichen Staate haben soll; oder

   β) weil er den Gegenstand der Leistung entsprechend einer dies erlaubenden Anordnung seines Staates für den Berechtigten bei einer öffentlichen Stelle hinterlegt hat (Bundesratsverordn. v. 30. IX. 1914 § 3).

Dagegen steht es gleichzeitig möglicherweise anders mit der Rechtslage des Schuldners:

3. Im feindlichen Gläubigerstaate:

a) Dieser kann den etwa im Inland vorhandenen Gegenstand des Anspruches (z. B. Kanonen, Wertpapiere, Geld) mittelst einstweiliger Verfügung beschlagnahmen (ZPO. § 935), im Inland Verurteilung zur Herausgabe erwirken und Zwangsvollstreckung bezüglich des Gegenstandes des Anspruches durchführen (ZPO. § 883).

b) Überhaupt aber bleibt er an sich berechtigt, von dem Schuldner die Leistung zu fordern (BGB. § 241). Eine Anordnung des Staates des Schuldners, daß die Schuld erloschen oder gestundet sein soll, bleibt ohne Rechtswirkung. Desgleichen ein von jenem Staate an den Schuldner erlassenes Zahlungsverbot.

c) Bei Geldschulden würde in gewissen Fällen BGB. § 244 für die Umrechnung derselben, wenn sie in ausländischer Währung ausgedrückt sind, maßgeblich sein. Die Zwangsvollstreckung aus dem den Schuldner zur Zahlung einer Geldschuld verurteilenden Erkenntnis würde gemäß ZPO. § 803 in das sonstige, im Inland vorhandene Vermögen des Schuldners vor sich gehen können.

d) Bei Verpflichtung des Schuldners zur Lieferung von Kriegsmaterial usw. würde man, wenn die Auslegung des Vertrages nicht ohne weiteres dazu führt, daß infolge des Kriegsausbruches der Vertrag aufgehoben oder jedem Vertragsteil ein Rücktrittsrecht gegeben ist, meines Erachtens unterscheiden müssen:

α) Hätte der Schuldner nur im gegnerischen Ausland seine Fabrik, Niederlage usw., so würde meines Erachtens der Gläubigerstaat nicht auf Grund BGB. § 279 Leistung und auf Grund BGB. § 280 Schadensersatz wegen Nichterfüllung fordern können. Denn die Leistung aus der Gattung wäre dem Schuldner nicht möglich, und er hätte diese Unmöglichkeit nicht zu vertreten.

β) Hätte der Schuldner auch im Gläubigerstaat eine entsprechende Fabrik, so würde der Gläubigerstaat gemäß BGB. § 279 Leistung und, wenn der Schuldner, was ihm freistände, die Leistung selbst im Hinblick auf seine Treuepflicht gegen seinen Heimatstaat nicht machen wollte, eventuell gemäß BGB. § 280 Schadensersatz wegen Nichterfüllung fordern können. Er würde sich dann aus einer ihm etwa geleisteten Sicherheit (BGB. §§ 233, 1228 Abs. 2) oder aus sonstigem inländischen Vermögen des Schuldners befriedigen können.

Handelte es sich aber nicht um einen Werkvertrag, sondern um einen Dienstvertrag, gerichtet auf Herstellung von Kriegsmaterial, z. B. Kanonen oder Munition, so würde meines Erachtens der Gläubigerstaat, selbst wenn der feindliche Schuldner im Inland des Gläubigerstaates eine Waffenfabrik hätte und sich in diesem Inland befände, gegen den Willen des Schuldners während des Krieges den Anspruch nicht geltend machen können. Dem Schuldner stände der Einwand der von ihm nicht zu vertretenden, nachträglich eingetretenen rechtlichen Unmöglichkeit (BGB. § 275) zu. Namentlich aber wäre eventuell auch eine Zwangsvollstreckung gemäß ZPO. § 888 gegen den Schuldner unzulässig. Denn der Gläubigerstaat wäre in der Ausübung der ihm sonst zustehenden privatrechtlichen Rechte und zivilprozessualen und speziell Zwangsvollstreckungs-Rechtsbehelfe gegenüber dem Schuldner durch den Völkerkriegsrechtssatz beschränkt, daß er denselben nicht zu einer Handlung nötigen dürfe, welche direkt seine militärische Stärkung zum Nachteil des kriegsgegnerischen Vaterlandes des Schuldners bezwecke. Übrigens würde bei solchen Dienstverträgen auch die Auslegung derselben wohl regelmäßig dazu führen, daß infolge des Kriegsausbruches der Vertrag aufgehoben oder jedem Vertragsteil ein Rücktrittsrecht gegeben sei.

Auch unabhängig von einer bestehenden Schuldverpflichtung des feindlichen Staatsangehörigen könnte der diesseitige kriegführende Staat durch im Kriegszustand begründete öffentlichrechtliche Maßnahmen das vorhandene Kriegsmaterial und auch die Waffenfabrik desselben zwecks Weiterbetriebes beschlagnahmen. Aber auch in diesem Falle dürfte er meines Erachtens aus dem oben angegebenen völkerrechtlichen Grunde den feindlichen Fabrikanten und die feindlichen Ingenieure, Mechaniker, Arbeiter desselben nicht wider ihren Willen zur Fortsetzung der Arbeit in der Fabrik zwingen.

4. Im neutralen Staate:

a) Bezüglich der Auslegungsfrage (BGB. § 157), ob infolge des Kriegsausbruches der Vertrag aufgehoben oder jedem Vertragsteil ein Rücktrittsrecht gegeben ist, wird auf das an früherer Stelle (§ 10) Bemerkte verwiesen.

b) Im übrigen bleibt der feindliche Gläubigerstaat auch hier an sich berechtigt, die geschuldeten Leistungen zu fordern (BGB. § 241). Er kann Verurteilung des Schuldners und Zwangsvollstreckung, auch vorläufige Sicherung durch Erwirkung einstweiliger Verfügungen oder eines Arrestes herbeiführen. Es bleibt wirkungslos, wenn der Staat des Schuldners die Schuld für erloschen erklärt hat. Eine vom Staate des Schuldners angeordnete Stundung wäre nicht zu berücksichtigen. Desgleichen nicht ein von jenem erlassenes Zahlungsverbot.

c) Aber der neutrale Staat muß noch weitergehend, als der feindliche Staat, nach Völkerrecht das Treueverhältnis des Schuldners zu seinem Heimatstaate respektieren.

Infolgedessen wird der Schuldner noch weitergehend, als im feindlichen Staate, seine Befreiung von gewissen Verpflichtungen in Anspruch nehmen können (BGB. § 275), weil er kraft seiner völkerrechtlich anerkannten Treuepflicht dem feindlichen Staate nicht Vorschub leisten darf und dadurch nachträglich in die rechtliche Unmöglichkeit der Erfüllung versetzt ist, ohne daß er dies zu vertreten hat. Diesen Einwand würde er meines Erachtens nicht bloß dem Anspruch aus Dienstvertrag auf Herstellung von Kriegsmaterial, sondern auch dem Anspruch auf Herausgabe vorhandenen Kriegsmaterials, sowie dem Anspruch auf Lieferung von Kriegsmaterial und eventuell auf Schadensersatz wegen Nichterfüllung entgegensetzen können.

d) Bei Geldschulden bleibt der Schuldner zwar verpflichtet, aber er wird einwenden können, daß er wegen eines in der Person des Gläubigers liegenden Grundes demselben während der Dauer des Krieges das Geld nicht aushändigen könne, weil er ihm sonst Vorschub leisten würde. In Analogie zu BGB. § 372 wird er daher beanspruchen können, seiner Verpflichtung dadurch zu genügen, daß er das Geld bei einer öffentlichen Stelle des neutralen Staates für den feindlichen Gläubigerstaat mit der Maßgabe hinterlegt, daß letzterer es während der Dauer des Krieges nicht erheben kann (Internierung der Schuldsumme im neutralen Land).

§ 14.

Wie vorstehend, liegen die Verhältnisse während des Krieges. Es fragt sich, wie sich dieselben nach dem Kriege gestalten.

1. Stundungsgebot und Zahlungsverbot finden auch im Staate des Schuldners selbst ihr Ende.

2. Die bloße Anordnung dieses Staates, daß die Schuld erloschen sein soll, blieb schon während des Krieges im damals feindlichen und im neutralen Staate rechtlich wirkungslos. Sie bleibt es erst recht in jenen Staaten nach dem Kriege. Aber jene Anordnung war, wie früher (§§ 9 und 12) ausgeführt wurde, soweit sie darauf hinauslief, feindliches Staatsgut zur kriegerischen Beute einer diesseitigen Privatperson zu machen, völkerrechtswidrig. Nimmt man an, daß der Völkerrechtssatz, der das Beutemachen zugunsten von feindlichen Privatpersonen untersagt, nicht bloß zwischen den Staaten, sondern auch unmittelbar nach innen maßgeblich sein will, so würde der bisher feindliche Gläubigerstaat, nachdem er mit dem Friedensschluß die persona standi in judicio im Staate des Schuldners wiedererlangt hat, nunmehr vor den Gerichten dieses Staates gegen seinen Schuldner auf Leistung klagen können. Diese Gerichte müßten der Klage stattgeben, weil gegenüber dem nach innen wirksamen Völkerrechtssatz, der das kriegerische Beutemachen zugunsten von Privatpersonen untersagt, der Annullierungsanordnung ihres Staates keine Rechtswirkung beizumessen ist. Würde aber der erwähnte Völkerrechtssatz nur im Verhältnis zwischen den Staaten wirken, so könnte der bisher feindliche Gläubigerstaat nach Friedensschluß von dem Staate des früheren Schuldners im diplomatischen Wege oder vor einem internationalen Schiedsgericht Schadensersatz verlangen, weil der letztere Staat durch seine völkerrechtswidrige Annullierungsanordnung in seinem Bereich die Schuld des früheren Schuldners des ersteren Staates zum Erlöschen gebracht hat und diesem Staate daher für den ihm dadurch verursachten Schaden völkerrechtlich verantwortlich ist (vierte Haager Konv. v. 18. Oktober 1907, Art. 3). Auch wenn die Annullierungsanordnung des Staates des Schuldners sich auf Verpflichtungsverhältnisse des letzteren bezogen hätte, welche bestanden, ohne daß der Schuldner materiell tatsächlich einen entsprechenden

Vermögenswert des Gläubigerstaates in Händen hatte, speziell wenn der erstere Staat die Lieferungsverträge zwischen dem ihm angehörigen Schuldner und dem damals feindlichen Staate für erloschen erklärt hätte, so würde auch diese Annullierungsanordnung an sich nicht bewirken können, daß nach dem Kriege in den Staaten, welche während des Krieges feindlich oder neutral gewesen waren, jene Verpflichtungsverhältnisse und Lieferungsverträge als erloschen zu gelten hätten.

3. Wenn aber die Auslegung des Vertrages (BGB. § 157) dahin geführt hatte, daß infolge des Kriegsausbruches der Vertrag aufgehoben oder ein Rücktrittsrecht für jeden Vertragsteil begründet war, so bleibt die Aufhebung des Vertrages oder der erklärte Rücktritt auch nach Wiederherstellung des Friedens in allen Staaten wirksam (vgl. auch § 10).

Mir dünkt, es könne sogar Fälle geben, in welchen die Auslegung des Vertrages dahin führt, daß zwar nicht mit Ausbruch des Krieges und während des Krieges, wohl aber mit Beendigung des Krieges infolge der gänzlich veränderten Umstände der Vertrag als aufgehoben anzusehen oder ein Rücktrittsrecht für jeden Vertragsteil begründet ist.

4. Es kann sein, daß der Anspruch auf Ersatz des Schadens aus gewissen Kriegsereignissen, welcher dem Staate aus einem Versicherungsvertrage gegen den Angehörigen eines fremden Staates zusteht, geeignet ist, den Staat während eines von ihm geführten Krieges selbst dann indirekt zu stärken, wenn er den Schadensersatz nicht während des Krieges erhält. Ist dies der Fall und kommt es zum Kriege zwischen dem versicherten Staate und demjenigen Staate, welchem der Versicherer angehört, so wird anzunehmen sein, daß der Staat den Schadensersatz aus den betreffenden Ereignissen dieses Krieges im Staate des Versicherers und in neutralen Staaten nicht bloß während des Krieges, sondern auch nach dem Kriege gegen den Versicherer nicht geltend machen kann[1]). Ja, man kann im Zweifel sein, ob nicht nach Beendigung des Krieges sogar in dem versicherten Staate selbst die Geltendmachung des Anspruches ausgeschlossen wäre.

[1]) Wohl aber würde der Staat des Versicherers während des Krieges durch eine bei dem Versicherer nach Eintritt der Fälligkeit der Schuld vorgenommene kriegerische Beschlagnahme zu seinen Gunsten die Schuld des Versicherers an den feindlichen Staat konfiszieren können.

Angenommen z. B., Großbritannien hätte in Voraussicht, daß es in einem zukünftig von ihm zu führenden Seekriege die Schiffe seiner Kauffahrteiflotte staatlich gegen die Gefahren des Seekrieges werde versichern müssen, sich deshalb schon im voraus bei einer Anzahl deutscher Versicherungsgesellschaften rückversichert, so würde Großbritannien, nachdem es nun zum Kriege zwischen ihm und Deutschland gekommen ist, die deutschen Versicherungsgesellschaften für die in diesem Kriege ihm erwachsenen Verluste nicht bloß während des Krieges, sondern auch nach dem Kriege nicht haftbar machen können.

5. Erst später (im III. Abschnitt) werden die Voraussetzungen erörtert, unter welchen im Kriege der diesseitige Staat die Schulden diesseitiger Staatsangehöriger an den feindlichen Staat wirksam konfiszieren kann. Dabei wird auch darzulegen sein, unter welchen Umständen nach dem Kriege auch der bisher feindlich gewesene Staat anerkennen muß, daß dadurch ein für sein Verhältnis zu dem früheren Schuldner maßgeblicher neuer Rechtszustand geschaffen worden ist.

Dritter Abschnitt.

Beuterecht, kriegerische Konfiskation von feindlichem Staatsgut und ihre Bedeutung speziell für die Forderungen und indirekt für die Schulden kriegführender Staaten gegenüber feindlichen Staatsangehörigen.

§ 15.

Kriegerischer Aneignung unterliegen feindliche Staatsgüter[1])

1. in (und nach) dem Gefecht,
2. in (dem vorübergehend invadierten und in) dem okkupierten feindlichen Staatsgebiet,
3. im eigenen Staatsgebiet[2]) des kriegführenden Staates.

Auch bei Maßgeblichkeit der vierten Haager Konvention vom 18. Oktober 1907 würde die kriegerische Aneignung feindlicher

---

[1]) Vgl. hierzu namentlich Huber, La propriété publique en cas de guerre sur terre, in Revue Générale de Droit International Public (1913). XX. S. 657—697.

[2]) Huber, a. a. O., S. 678—679.

Staatsgüter im eigenen Staatsgebiet des kriegführenden Staates zulässig sein. Das Reglement zu jener Konvention enthält zwar keine Bestimmungen darüber. Aber es regelt auch das Völkerkriegsrecht nicht erschöpfend (vgl. Einleitung zur vierten Haager Konvention).

Allen drei Kategorien von Fällen ist gemeinsam, daß

a) eine tatsächliche und im Verhältnis zum gleichgestellten feindlichen Staate tatsächlich wirkende Ingewaltnahme in Beziehung auf jene feindlichen Staatsgüter seitens (der Organe) des kriegführenden Staates erfolgt,

welche

b) nach Völkerrecht die rechtliche Aneignung, den Rechtserwerb bezüglich jener feindlichen Staatsgüter für den kriegführenden Staat nach sich zieht.

Im übrigen aber bestehen Verschiedenheiten zwischen jenen drei Kategorien.

1. Im Gefecht ist die im Verhältnis zum feindlichen Staate tatsächlich wirkende Aktion auch wirklich eine rein tatsächliche, kriegerisch-militärische Gewaltaktion der diesseitigen Truppen gegenüber den Organen des feindlichen Staates, den völkerrechtlich gleichgestellten feindlichen Truppen, durch welche den letzteren die feindlichen Staatsgüter entrissen oder die letzteren gezwungen werden, jene Staatsgüter im Stich zu lassen, so daß die diesseitigen Truppen diese Staatsgüter alsdann ungehindert in Besitz nehmen können.

Es kann sich dabei nur um gewisse bewegliche Staatsgüter, wie Waffen, militärisch-technische Werkzeuge und Fahrzeuge, Vorrats- und Kassenbestände usw. bei den Truppen handeln.

2. Im okkupierten feindlichen Staatsgebiet und im eigenen Staatsgebiet des kriegführenden Staates erfolgt dagegen die im Verhältnis zum gleichgestellten feindlichen Staate als tatsächliche Ingewaltnahme wirkende Aktion in Beziehung auf die feindlichen Staatsgüter durch eine Aktion, welche unmittelbar und gleichzeitig eine staatshoheitliche Aktion des dort provisorisch (im okkupierten feindlichen Staatsgebiet) oder dauernd (in dem eigenen Staatsgebiet) die Staatsgewalt ausübenden kriegführenden Staates gegenüber ihm provisorisch (im okkupierten feindlichen Staatsgebiet) oder dauernd (in seinem eigenen Staatsgebiet) unterworfenen (Staats-) Organen und Personen ist.

Diese letzteren dürfen jener Aktion nicht Gewalt entgegensetzen, während die feindlichen Truppen im ersteren Falle dies wohl dürfen.

Möglicherweise können Voraussetzungen, Formen, zulässige Ausdehnung jener staatshoheitlichen Aktionen gegenüber den gewaltunterworfenen Organen und Personen durch völkerrechtliche Bestimmungen und, soweit diese Freiheit lassen, durch staatsrechtliche Bestimmungen näher geregelt sein.

Die Beschlagnahmeaktion, durch welche die diesseitige Staatsgewalt sich die tatsächliche Verfügung über feindliche Staatsgüter zu sichern sucht, ist, wenn sie gegenüber gewaltunterworfenen Organen und Personen vorgenommen wird, gegenüber diesen nicht bloß, wie gegenüber feindlichen Truppen, als Gewaltaktion, sondern darüber hinaus als Rechtsaktion, als rechtlich verbindende Aktion wirksam.

Die Beschlagnahmeaktion kann daher gegenüber Organen und Personen, die der Staatshoheit unterworfen sind, auch unter Anwendung juristischer Mittel derart wirksam vollzogen werden, daß dadurch im Verhältnis zum feindlichen Staat die völkerrechtlich als Voraussetzung der Aneignung erforderte tatsächliche Verfügungsgewalt über die feindlichen Staatsgüter hergestellt und gesichert wird.

Eine Beschlagnahme kann in diesen Fällen infolgedessen nicht nur in Beziehung auf körperliche feindliche Staatsgüter, sondern auch in Beziehung auf unkörperliche Rechte, speziell Forderungsrechte des feindlichen Staates mit der Wirkung erfolgen, daß sie nach Völkerrecht die rechtliche Aneignung jener bisherigen Rechte des feindlichen Staates nach sich zieht, weil sie dem diesseitigen Staat die völlige tatsächliche Verfügungsgewalt über dieselben verschafft hat.

3. Weiter bestehen aber auch wichtige Verschiedenheiten zwischen dem Vorgang im okkupierten feindlichen Staatsgebiet und dem Vorgang im eigenen Staatsgebiet.

a) Zunächst muß im okkupierten feindlichen Staatsgebiet der Beschlagnahme der feindlichen Staatsgüter noch ein anderer kriegerisch-tatsächlicher Akt gegenüber dem feindlichen Staate vorangegangen sein: nämlich die gewaltsam kriegerische Verdrängung, Verhinderung, derzeitige Ausschließung des feindlichen

Staates von der Ausübung der Staatsgewalt durch den diesseitigen kriegführenden Staat und die einstweilige Herstellung der Ausübung der Staatsgewalt seitens des letzteren.

Dagegen in seinem eigenen Staatsgebiet kann der kriegführende Staat unmittelbar zu der Beschlagnahme der feindlichen Staatsgüter schreiten.

b) Im okkupierten feindlichen Staatsgebiet erfolgt die Beschlagnahme gegenüber nur provisorisch unterworfenen Organen oder privaten Angehörigen des feindlichen Staates, insofern gegenüber feindlichen Staatsorganen und feindlichen Staatsangehörigen.

Dagegen im eigenen Staatsgebiet erfolgt die Beschlagnahme gegenüber eigenen privaten Angehörigen des kriegführenden Staates (oder wenigstens gegenüber Personen, welche unabhängig von den Kriegsverhältnissen durch ihren Wohnsitz usw. im Inland ihm dauernd unterworfen sind).

Die Beschlagnahme ist daher zwar in beiden Fällen ein durch den Kriegszustand veranlaßter Akt. Aber die Folgen des Kriegsaktes gegenüber Feinden im ersteren Falle können andere sein, als die des durch den Kriegszustand veranlaßten Aktes gegen eigene Staatsangehörige im zweiten Falle. Die Beschlagnahmemaßnahmen können im ersteren Falle weitergehend völkerrechtlichen, im zweiten Falle staatsrechtlichen Grundsätzen unterliegen. Etwaige Ersatzansprüche der durch die Beschlagnahme betroffenen Privatpersonen können möglicherweise im ersten Falle sich nicht oder nicht nur gegen den beschlaglegenden Staat, sondern gegen ihren eigenen, jenem feindlichen Staat, im zweiten Falle dagegen nur gegen den die Beschlagnahme ausübenden Staat richten.

c) Auch könnte die provisorische Natur der Innehabung der Staatsgewalt im okkupierten feindlichen Staatsgebiet dazu führen, daß eine Beschlagnahme dort nicht so weitgehend zulässig oder wirksam wäre, wie im eigenen Staatsgebiet. Denkbar wäre z. B., daß im Wege der Beschlagnahme Grundstücke des feindlichen Staates im eigenen Staatsgebiet rechtlich angeeignet, im okkupierten feindlichen Staatsgebiet dagegen nur in Verwaltung und Nießbrauch genommen werden könnten. Doch ist nach heutigem Völkerkriegsrecht anzunehmen, daß auch im eigenen Staatsgebiet[1]), wie im okkupierten feindlichen Staatsgebiet, an unbeweglichen Sachen des feindlichen Staates nur Nießbrauch und Verwaltung (für die Dauer des Krieges), nicht Eigentum durch die kriegerische Beschlagnahme begründet werden kann.

4. Aber auch im okkupierten Feindesgebiet, wie im eigenen Staatsgebiet, bleibt in oberster Linie maßgebend und ausschlaggebend, daß es sich im Verhältnis zum feindlichen Staate um eine tatsächlich wirksame Ingewaltnahme in Beziehung auf dessen feindliche Staatsgüter handelt.

Nur weil, wenn und soweit dies der Fall ist, ist die Aktion nach Völkerrecht zulässig und hat sie die völkerrechtliche Folge der rechtlichen Aneignung, des Rechtserwerbes des diesseitigen Staates an jenen feindlichen Staatsgütern.

§ 16.

Weil, wenn und soweit aber jene Aktion so im Verhältnis zum feindlichen Staate sich als eine tatsächlich wirksame Ingewaltnahme von Staatsgütern desselben darstellt, ist sie ein kraft Völkerrecht zulässiger Kriegsakt gegen den feindlichen Staat. Daraus folgt, daß sie kraft Völkerrecht in Ermangelung besonderer gegenteiliger Bestimmungen des Völkerrechts, und daß sie auch nach dem Staatsrecht des beschlaglegenden Staates, soweit dieses nicht entgegengesetzte Vorschriften enthält, unbeschadet des Umstandes zulässig ist, daß sie sich gleichzeitig als ein Eingriff in Rechte feindlicher oder diesseitiger privater Staatsangehöriger darstellt. Nur muß dieser letztere Eingriff eine bloß sekundäre — nach Lage der Verhältnisse — von jenem Kriegsakt gegen den feindlichen Staat untrennbare Begleiterscheinung sein.

Unter dieser Voraussetzung muß deshalb der Akt als ein zulässiger Akt auch von den mitbetroffenen fremden oder eigenen privaten Staatsangehörigen hingenommen werden.

Ähnlich etwa, wie sie es hinnehmen müssen, wenn ein Truppenbefehlshaber des eigenen Staates auf ihre vom Feind besetzte Stadt,

[1]) Auch Huber, aaO., S. 679, nimmt dies (bei Maßgeblichkeit der vierten Haager Konv. vom 18. Oktober 1907) offenbar an, wenn er dort auch nur von R. Art. 53, nicht von dem auf unbewegliche Sachen bezüglichen R. Art. 55 spricht. Er tut letzteres wohl deshalb nicht, weil er (aaO. S. 667) das durch R. Art. 55 gewährte Recht nicht als ein Beuterecht betrachtet.

um den Feind zu vertreiben und zu besiegen, schießt und dabei sie selbst tötet oder verwundet und ihre Gebäude zerstört. Ähnlich ferner, wie z. B. feindliche Flieger, die über dem diesseitigen Land erscheinen, beschossen werden können, obwohl durch die auf jene gerichteten Geschosse eigene Staatsangehörige oder deren Sachen getroffen oder gefährdet werden können.

Wohl hat die verstärkte Budgetkommission des Preußischen Abgeordnetenhauses (Sitzung vom 18. Februar 1915) sich mit Recht dahin ausgesprochen, daß (hier in Deutschland) die Generalkommandos an die bestehenden Gesetze und Verordnungen gebunden sind, soweit dieselben nicht durch das Gesetz über den Belagerungszustand vom 4. Juni 1851 selbst aufgehoben sind.

Dies ist, wie der Berichterstatter Freiherr von Zedlitz in der Sitzung des Abgeordnetenhauses vom 23. Februar 1915 hervorhob, auch seitens des preußischen Ministers des Innern ausdrücklich ebenso bezüglich der Militärbehörden, wie bezüglich der Zivilbehörden, anerkannt worden.

Ferner hat auch die Budgetkommission des Reichstages in der Sitzung vom 17. März 1915 eine Resolution angenommen, den Bundesrat zu ersuchen, nach Friedensschluß mit tunlichster Beschleunigung den Entwurf des in Art. 68 der Reichsverfassung vorgesehenen Reichsgesetzes über die Erklärung des Kriegszustandes vorzulegen. Darin sei auszusprechen, daß die Militärbehörden an die bestehenden Rechtsnormen gebunden sind, soweit sie nicht unmittelbar durch das Gesetz selbst aufgehoben werden. Ferner sei in dem Gesetze zu ordnen, welche anderen Gesetze aufhebbar sind, und von wem die Erklärung der Aufhebung auszugehen hat.

Wohl bleibt auch unter dem aus Kriegsanlaß verhängten Belagerungszustand in Kraft und für die Generalkommandos bindend z. B. Art. 9 der Preußischen Verfassung: „Das Eigentum ist unverletzlich usw.“ und, soweit sie nicht bei Erklärung des Belagerungszustandes gemäß § 5 des Gesetzes vom 4. Juni 1851 durch entsprechende Bekanntmachung außer Kraft gesetzt werden, auch aus der Preußischen Verfassung Art. 5: „Die persönliche Freiheit ist gewährleistet usw.“ und Art. 6: „Die Wohnung ist unverletzlich. Das Eindringen in dieselbe und Haussuchungen sowie die Beschlagnahme von Briefen und Papieren sind nur in den gesetzlich bestimmten Fällen und Formen gestattet[1].“

[1]) Dazu jetzt die Bestimmungen der Reichsstrafprozeßordnung.

Es handelt sich hier um die bekannten sog. Grundrechte, die meines Erachtens eigentliche subjektive Rechte sind und namentlich einen Anspruch auf Unterlassung von ihnen zuwiderlaufenden Verwaltungsakten enthalten.

Aber es handelt sich bei diesen verfassungsmäßig gesicherten Grundrechten nur um das Verhältnis der Staatsgewalt zu der Freiheit der ihr rechtlich unterworfenen Personen, um das Verhältnis zwischen Staatsexekutive und den ihr rechtlich unterworfenen Individuen, um die Pflicht gesetzmäßiger Verwaltung der ersteren im Verhältnis zu den letzteren.

Auch während des Krieges bestehen jene Grundrechte der der Staatsgewalt rechtlich unterworfenen Individuen dergestalt, daß die Staatsgewalt bei ihren gegenüber diesen Individuen als solchen vorgenommenen Verwaltungsakten die betreffenden gesetzmäßigen Grenzen innehalten muß.

Bei den uns beschäftigenden Fällen handelt es sich jedoch nicht darum. Es handelt sich vielmehr um Kriegsakte der Staatsgewalt gegenüber dem feindlichen Staat, deren unvermeidliche Begleiterscheinung es nur ist, daß sie auch in die Rechte jener Individuen eingreifen.

Für Kriegsakte der Staatsgewalt gegen den feindlichen Staat aber gelten jene gesetzmäßigen Beschränkungen der Staatsgewalt nicht.

In Friedenszeiten steht auch das im Inland befindliche Eigentum anderer Staaten unter dem Schutze der inländischen Gesetze. Wären Akte der betreffenden Art in Friedenszeiten gegenüber dem inländischen Eigentum fremder Staaten trotz der sog. Souveränität derselben überhaupt zulässig, so müßten die inländischen Staatsorgane in Friedenszeiten auch im Verhältnis zu den fremden Staaten als ihnen in dieser Beziehung rechtlich Unterworfenen bei der Vornahme der betreffenden Akte die gesetzlichen Formen und Verfahrensweisen wahren[1]).

Aber durch den Krieg tritt in Beziehung auf das feindliche Staatseigentum und so auch in Beziehung auf das im Inland befindliche feindliche Staatseigentum an Stelle der Rechtsbeziehung ein kriegerisches Gewaltverhältnis zwischen dem diesseitigen und dem feindlichen Staate.

---

[1]) Anschütz, Verfassungsurkunde für den Preußischen Staat (1912). I. S. 100–104.

Infolgedessen wird — im Gegensatz zu den Friedenszeiten — nunmehr die gewaltsame Aneignung des feindlichen Staatseigentums zulässig. Im Verhältnis zu dem feindlichen Staat bleiben nur die völkerkriegsrechtlichen Beschränkungen des Beuterechts gegenüber dem feindlichen Staatseigentum bindend. Alle staatsgesetzlichen Beschränkungen und Bestimmungen über Formen und Verfahrensweisen für Enteignung, Beschlagnahme usw. treten im Verhältnis zu ihm und seinem Eigentum außer Geltung.

Pflicht und Befugnis der zuständigen Staatsorgane ist es, die Kriegsakte gegen das feindliche Staatseigentum möglichst wirksam und schnell vorzunehmen. Im Interesse der staatlichen Allgemeinheit müssen sie, wie bei sonstigen Kriegsakten, so auch bei Akten gegen jenes feindliche Staatseigentum möglichste Schwächung des gegnerischen Staates und möglichste Stärkung des eigenen Staates zu erreichen suchen. Das könnten sie nicht und sie würden pflichtwidrig handeln, wenn sie dabei durch alle möglichen zu beobachtenden Formen und Verfahrensweisen sich aufhalten und hemmen ließen.

Bei einer Kollision zwischen den Rechten und Interessen der staatlichen Allgemeinheit und den Interessen und Rechten der einzelnen Individuen gehen die ersteren vor (Einl. d. Preuß. Landr. § 74).

Die fraglichen Akte sind in erster Linie und sollen sein Kriegsakte im Interesse der staatlichen Allgemeinheit gegen das Eigentum (Vermögen) des feindlichen Staates. Nur sekundär, soweit sich dies nicht vermeiden läßt, sind sie mit Eingriffen in Rechte von auch im Krieg der staatlichen Gewalt rechtlich unterworfenen Privatpersonen verknüpft.

Daher muß der erstere hauptsächliche Charakter jener Akte den Ausschlag geben. Die Staatsorgane sind deshalb bei Vornahme derselben von der Beobachtung der gesetzlichen Formen und Verfahrensweisen entbunden, welche bei entsprechenden lediglich gegen Privatpersonen als solche gerichteten Akten nach den Gesetzen auch in Kriegszeiten innezuhalten wären.

Das Völkerrecht schreibt für jene Kriegsakte gegen das feindliche Staatseigentum keine speziellen Formen und Verfahrensweisen vor. Nur erfordert es tatsächliche Wirksamkeit gegenüber dem feindlichen Staat. Wohl könnte, wie schon oben bemerkt, das diesseitige Staatsrecht den diesseitigen, den Akt vollziehenden Staatsorganen solche speziellen Formen und Verfahrensweisen, namentlich wenn der Akt gleichzeitig einen Eingriff in Rechte diesseitiger Staatsangehöriger mit sich bringt, vorschreiben, wenn es dies tun wollte. Denn das Völkerrecht läßt ihm die Freiheit dazu. Aber wenn das diesseitige Staatsrecht dies nicht getan hat, so ist für die den Akt vollziehenden Staatsorgane die einzige Richtschnur, daß der Akt in einer gegenüber dem feindlichen Staate tatsächlich wirksamen Weise vollzogen werden muß. An weitere spezielle Formen und Verfahrensweisen aber sind sie nicht gebunden.

Nur eine Beschränkung ergibt sich für sie ohne weiteres, nämlich, daß sie bei dem Akte keine Eingriffe in die Rechte der (fremden oder) eigenen privaten Staatsangehörigen vornehmen dürfen, welche durch den Zweck des Aktes, Schwächung des feindlichen Staates durch Aneignung der Staatsgüter desselben, nicht erfordert werden. Für die Frage, ob und welche Eingriffe aber zur Erreichung dieses Zweckes erforderlich sind, wird dem subjektiven freien Ermessen der vollziehenden Organe in den Kriegsverhältnissen ein weitgehender Spielraum gelassen werden müssen.

Vom Staatsrecht des kriegführenden Staates hängt ab, welche Organe desselben zur Anordnung und Vollziehung derartiger Akte zuständig sind. Es werden vielfach in oberster Linie militärische Organe sein (vgl. z. B. preuß. Ges. über Belagerungszustand v. 4. Juni 1851, § 4). Völkerrechtlich und staatsrechtlich notwendig ist dies aber keineswegs.

Der Krieg, gerichtet auf Schwächung des feindlichen Staates, um dessen Willen dem Willen des diesseitigen Staates zu unterwerfen, spielt sich nicht bloß zwischen den militärischen Organen mit Waffengewalt, sondern auch anders, z. B. durch wirtschaftliche Kampfmaßnahmen usw. ab, die möglicherweise von nichtmilitärischen Staatsorganen getroffen werden.

Staatsrechtlich werden durchgängig nur höhere Organe zuständig gemacht sein. Darin und in der persönlichen Verantwortlichkeit dieser leitenden Organe (preuß. Ges. über Belagerungszustand, § 4 Abs. 2) liegt eine — allerdings nur prekäre — Sicherung der Staatsangehörigen, in deren Rechte durch obige Akte eingegriffen wird.

§ 17.

Nach Völkerrecht kann sich der kriegführende Staat gewisse ihm tatsächlich erreichbare feindliche Staatsgüter durch Beschlagnahme aneignen, aber er muss dies nicht tun. Er kann sich auch mit weniger begnügen.

Er könnte sich z. B. bei körperlichen Sachen und unkörperlichen Rechten (speziell Forderungen) des feindlichen Staates darauf beschränken, sie durch Beschlagnahme der Verfügung von jenem für die Dauer des Krieges zu entziehen.

Er könnte dem inländischen Drittschuldner der beschlagnahmten Forderung nur Leistung an den feindlichen Staat untersagen, aber nicht Herausgabe des Schuldbetrages an sich selbst verlangen, sondern z. B. gestatten, daß der Drittschuldner aus dem Schuldbetrag inländische Gläubiger des feindlichen Staates befriedigt.

Der Akt der kriegerischen Beschlagnahme ist nicht ein für alle Male, wie im zivilprozessualen Vollstreckungsverfahren der Akt der Pfändung usw., mit festbestimmten juristischen Wirkungen versehen.

Vielmehr hängt es von den anordnenden Organen ab, ob sie demselben eine weitergehende oder weniger weitgehende Wirkung beilegen wollen.

Dies gilt speziell auch bei der kriegerischen Beschlagnahme einer Forderung des feindlichen Staates.

Aber soweit diese Beschlagnahme von Hoher Hand, die entsprechend dem Völkerrecht als ein kriegerisches Kampfmittel, d. h. aus hochpolitischen Gründen, zugunsten des diesseitigen Staates erfolgt, nach dem erkennbar gemachten Willen der anordnenden Organe wirksam sein soll, wirkt sie trotz Mangels besonderer Formen als eine im Interesse der Sicherheit des Staates und für die staatliche Allgemeinheit erfolgte derart, daß Private nicht mehr damit unvereinbare Rechte, sei es im Wege der zivilprozessualen Zwangsvollstreckung, sei es sonstwie, an den Gegenständen jener Beschlagnahme erwerben können. Vielmehr vermöchten auch durch amtliche Organe für die Privaten erfolgte Pfändungs- usw. -Maßnahmen keine rechtliche Wirkung zu üben, wären unzulässig und könnten formlos beseitigt werden.

Regelmäßig und im Zweifel ist anzunehmen, daß die von Hoher Hand für den Staat erfolgte kriegerische Beschlagnahme nicht nur beschränkte Wirkung haben sollte, sondern daß sie bezweckte, den Übergang des betreffenden feindlichen Staatsgutes in das diesseitige Staatsvermögen herbeizuführen.

§ 18.

Das feindliche Staatsgut unterliegt der kriegerischen Wegnahme des diesseitigen Staates.

Als unmittelbare Kriegsmaßnahmen gegen den Feind kann der diesseitige Staat daher alle erforderlichen Maßnahmen treffen, um sich Kenntnis von dem vorhandenen feindlichen Staatsgut zu verschaffen und dessen Wegnahme zu sichern und durchzuführen.

a) Im eigenen Staatsgebiet des diesseitigen Staates können die zuständigen Behörden zu diesem Behuf unter anderem Einsicht in Geschäftsbücher und Korrespondenz der Personen nehmen, bei welchen sie feindliches Staatsgut vermuten, ohne an weitere Formen gebunden zu sein.

Sie können diese Personen zu Auskunft anhalten und zwingen. Für diesseitige Staatsangehörige erscheint es als staatsbürgerliche Pflicht auf Verlangen der zuständigen Behörden durch Auskunfterteilung usw. den diesseitigen Staat in bezug auf einen derartigen Kriegsakt zu unterstützen, wenn sie dazu in der Lage sind. Schon auf eine öffentliche allgemeine Aufforderung hin würden sie das tun müssen. Ja, es spricht vieles dafür, daß sie, wenigstens unter Umständen, auch unaufgefordert aus freien Stücken von ihren diesbezüglichen Kenntnissen der zuständigen Behörde Mitteilung machen müssen.

Diesen öffentlich-rechtlichen Pflichten zur Auskunfterteilung, zur Herausgabe des feindlichen Staatsgutes usw. würden diesseitige Staatsangehörige sich nicht durch Berufung auf privatrechtliche Verpflichtung zur Verschwiegenheit, zur Wahrung der Interessen des feindlichen Staates, mit dem sie in Geschäftsverbindung gestanden haben, entziehen können. Bei einer solchen Pflichtenkollision hätten die ersteren öffentlich-rechtlichen Pflichten unbedingt den Vorrang (vgl. auch Preuß. Landr. Einl. § 74; Th. II Tit. 13 §§ 2, 5, Tit. 17 § 10).

Handelten die betreffenden deutschen Staatsangehörigen anders, so würden sie sich sogar leicht des Verbrechens der landesverräterischen Begünstigung (RStG. § 89) schuldig machen, indem sie vorsätzlich der feindlichen Macht Vorschub leisteten. Dies würde übrigens nach RStG.

§ 91 Abs. 2 auch für hier befindliche Ausländer gelten. Im Falle der Eröffnung der Untersuchung wegen eines solchen Verbrechens könnte nach RStG. § 93 auch das Vermögen der Betreffenden mit Beschlag belegt werden.

b) Im okkupierten feindlichen Staatsgebiet[1]) können die zuständigen Organe des diesseitigen Staates desgleichen nach Völkerkriegsrecht die dort befindlichen Personen zur Auskunfterteilung, zur Herausgabe usw. des feindlichen Staatsgutes anhalten. R. Art. 44, der übrigens von Deutschland und verschiedenen anderen Staaten nicht mitratifiziert worden ist, würde nicht entgegenstehen. Regelmäßig pflegen nach der Okkupation solche Maßnahmen gegenüber Banken getroffen zu werden, bei welchen Guthaben usw. des feindlichen Staates vermutet werden oder sich befinden.

Die okkupierende Staatsgewalt sollte bei Ergreifung dieser Maßnahmen tunlichst die Vorschriften der im Okkupationsgebiet geltenden Landesgesetze beachten. Aber eine unbedingte Verpflichtung hierzu wird sich aus R. Art. 43 nicht herleiten lassen, weil es sich bei jenen Maßnahmen nicht um Akte der Verwaltung im okkupierten Gebiet als solche, sondern um unmittelbare Kriegsakte gegen den feindlichen Staat handelt.

RStG. § 91 Abs. 1 sieht vor, daß gegen Ausländer, die vorsätzlich der feindlichen Macht Vorschub leisten (RStG. § 89), während sie sich nicht unter deutschem Schutz in Deutschland befinden, nach Kriegsgebrauch verfahren werden soll. Dies könnte also auch Personen im okkupierten feindlichen Staatsgebiet passieren, die den Anordnungen der Okkupationsgewalt zur Auskunftserteilung, zur Herausgabe der feindlichen Staatsgüter usw. zuwider handelten.

Selbstverständlich müssen die zuständigen Behörden des diesseitigen Staates im eigenen Staatsgebiet und auch im okkupierten feindlichen Staatsgebiet sich bei ihren gegen das feindliche Staatsgut gerichteten Anordnungen und Maßnahmen, durch welche sie in die Verhältnisse und Rechte von Privatpersonen eingreifen, der tunlichsten Umsicht, Sorgfalt und Rücksicht befleißigen, welche

---

[1]) Huber, aaO., S. 695—697.

den Umständen nach möglich ist (vgl. Preuß. Ges. v. 4. Juni 1851 § 4 Abs. 2).

Dies gilt sowohl von den Maßnahmen zum Zwecke der Nachforschung, wie auch von den auf Grund der Nachforschungen anzuordnenden und zu vollziehenden Beschlagnahmemaßnahmen.

Aber der Durchführung jener Beschlagnahmemaßnahmen müssen sich die betroffenen Privatpersonen zunächst unbedingt fügen, auch wenn Zweifel oder Streit über die rechtliche Zulässigkeit jener Maßnahmen obwalten. Denn es handelt sich, wie schon öfters betont wurde, um Akte, die unmittelbare Kriegsakte gegen den feindlichen Staat sein sollen. Bei solchen unmittelbaren Kriegsakten aber entscheidet nach Völkerkriegsrecht und nach Staatsrecht (daher gegenüber den feindlichen Staatsangehörigen im Okkupationsgebiet und gegenüber den eigenen Staatsangehörigen im eigenen Staatsgebiet) zunächst unbedingt das — an keine speziellen Formen gebundene — Ermessen der zuständigen Exekutivbehörden.

§ 19.

Für den ferneren Verlauf der Beziehungen zwischen dem beschlaglegenden Staate und den (mit-) betroffenen Privatpersonen aber kommt es auf

1. die materiellrechtlichen Grundsätze, welche für die Zulässigkeit der gegenüber den Privatpersonen getroffenen Beschlagnahmemaßnahmen maßgeblich sind, und welche natürlich vorläufig auch schon vor Anordnung und Vollziehung der Beschlagnahmen seitens der Exekutivbehörden in Betracht zu ziehen waren, und
2. das formelle Verfahren, mittels dessen den durch die Beschlagnahmen etwa unrechtmäßig geschädigten Privatpersonen zu ihrem Recht verholfen werden kann,

an.

Die materiellrechtlichen Schwierigkeiten, die hervortreten können, lassen sich unter drei Gesichtspunkte gruppieren:

Es kann fraglich und streitig sein

a) ob wirklich der feindliche Staat oder ob die betroffene Privatperson Eigentümer der beschlagnahmten körperlichen Sache ist, und ob der Privatperson an der beschlagnahmten Sache des feindlichen Staates ein dingliches Recht (Pfandrecht, Nießbrauch usw.) zusteht;

b) ob nach Völkerkriegsrecht (oder im eigenen Staatsgebiet wenigstens nach den staatlichen Bestimmungen) seitens des diesseitigen Staates ein dingliches Recht (Pfandrecht usw.) berücksichtigt werden muß, welches der Privatperson an der beschlagnahmten Sache des feindlichen Staates zusteht;

c) namentlich bei der Beschlagnahme von Forderungen des feindlichen Staates, ob durch den hiesigen Beschlagnahmeakt wirklich das Vermögen des feindlichen Staates und nicht bloß das Vermögen des privaten Schuldners desselben, bei welchem die Beschlagnahme vorgenommen wurde, getroffen wurde und getroffen werden konnte.

Auf einige dieser materiellrechtlichen Fragen wird später zurückzukommen sein.

In Hinsicht auf das formelle Verfahren ist namentlich wichtig, ob

a) die betroffene Privatperson einen privatrechtlichen Anspruch gegen den diesseitigen Staat hat, oder genauer, ob sie einen Anspruch hat, der im Rechtsweg vor den ordentlichen Gerichten geltend gemacht werden kann;

b) ob eine öffentliche Rechtspflicht des diesseitigen Staates gegenüber der betroffenen Privatperson besteht, und eventuell welche Behelfe in diesem Falle gegeben sind.

§ 20.

Die Regel, daß vor die ordentlichen Gerichte alle bürgerlichen Rechtsstreitigkeiten (GVG. § 13) und nicht die öffentlich-rechtlichen Rechtsstreitigkeiten gehören, erleidet nach beiden Richtungen Ausnahmen durch positivistische Bestimmungen des Reichsrechts und, soweit das Reichsrecht die Rechtsschutzart nicht geregelt hat, durch das Landesrecht der deutschen Einzelstaaten, welchem das Reichsrecht in der Hinsicht weitgehend freie Hand gelassen hat[1]).

In Preußen sind die Grenzen zwischen landeshoheitlichen und fiskalischen Rechtsverhältnissen im Hinblick auf die Frage der Zulässigkeit des Rechtsweges vor den ordentlichen Gerichten

[1]) Hellwig. Lehrbuch der deutschen Zivilprozeßordnung, I. S. 60f., 62f.

durch eine Kabinettsorder vom 4. Dezember 1831 und den darin angezogenen Bericht des Staatsministeriums vom 16. November 1831 näher bestimmt worden.

Nach dem Bericht des Staatsministeriums, welcher bezüglich des Begriffes und Umfanges der Hoheitsrechte auf das Preuß. Allg. Landr. Teil II Tit. 13 und 14 verweist[1]), findet ein privatrechtlicher Widerspruch vor den Gerichten nicht bloß wider einen Akt des Hoheitsrechtes nicht statt, sondern irrtümlich ist danach auch die früher bisweilen von den Gerichten befolgte Ansicht, als ob ein Anspruch aus den Folgen und Wirkungen eines solchen Hoheitsaktes behufs Entschädigung wider das Staatsvermögen vor den Gerichten zulässig sei.

Unter anderem wird in dem Bericht des Staatsministeriums hervorgehoben: Aus jener irrtümlichen Ansicht sei beispielsweise das Verfahren der Gerichte hervorgegangen, die sich für kompetent gehalten hätten, eine Klage wider den Fiskus auf Ersatz erlittener Kriegsbeschädigungen anzunehmen und über den Anspruch zu entscheiden.... (Aber) die wider den Fiskus .... angestellten Klagen auf Ersatz eines Schadens aus den Zufällen des Krieges.... seien der Kompetenz der Gerichte gesetzlich entzogen....

Das Reichsgesetz über die Kriegsleistungen vom 13. Juni 1873 bestimmt in

§ 34 bezüglich der Ansprüche gegen das Reich aus den in §§ 1—33 geregelten, hier nicht näher interessierenden Auflagen von Kriegslasten und Kriegsleistungen, daß hinsichtlich der Zulässigkeit des Rechtsweges dieselben Vorschriften gelten, wie die, welche am Erfüllungsorte für die nämlichen Ansprüche gegen den betreffenden deutschen Einzelstaat maßgebend sein würden, und in

§ 35, daß für sonstige außergewöhnliche Kriegsleistungen von Personen usw., sowie für alle durch den Krieg verursachten Beschädigungen an beweglichem und unbeweglichem Eigentum, welche nach den Vorschriften dieses Gesetzes nicht oder nicht hinreichend entschädigt werden, der Umfang und die Höhe der etwa zu gewährenden Entschädigung und

---

[1]) Allg. Landr., T. II, Tit. 13, § 5: das Recht, die Verteidigung des Staates gegen auswärtige Feinde anzuordnen, Kriege zu führen . . .

Preuß. Verf., Art. 48; Reichsverf., Art. 11, 63—65.

das Verfahren bei Feststellung derselben durch jedesmaliges Spezialgesetz des Reiches bestimmt werden.

§ 21.

Wichtig ist unter diesen Umständen, was im Sinne der Kabinettsorder von 1831 unter Kriegsbeschädigungen, die durch Hoheitsakte und deren Folgen und Wirkungen verursacht sind, und im Sinne des Reichsgesetzes von 1873 (abgesehen von den dort in §§ 1—33 geregelten Auflagen von Kriegslasten und Kriegsleistungen und den dort in § 35 erwähnten außergewöhnlichen Kriegsleistungen von Personen usw., die uns hier nicht näher interessieren,) unter den durch den Krieg verursachten Beschädigungen an beweglichem und unbeweglichem Eigentum, für welche dieses Gesetz die Entschädigung nicht oder nicht hinreichend bestimmt hat, zu verstehen ist.

Denn, soweit es sich um Ansprüche aus Kriegsbeschädigungen im Sinne der Kabinettsorder von 1831 handelt, erscheint nach dieser der Rechtsweg vor den ordentlichen Gerichten ausgeschlossen, und, soweit es sich um durch den Krieg verursachte Beschädigungen an beweglichem und unbeweglichem Eigentum im Sinne des Reichsgesetzes von 1873 handelt, für welche dieses die Entschädigung nicht bestimmt hat, kann überdies eine Entschädigung nur auf Grund eines Reichs-Spezialgesetzes gewährt werden.

Einige Schriftsteller — so Rönne[1]), Cretschmar[2]), J. Oppenhoff[3]) — meinen, unter Kriegsschäden im Sinne der Kabinettsorder von 1831 seien nur Schäden zu verstehen, die durch Handlungen des Feindes verursacht worden seien.

Das ist aber nicht die Ansicht des Preußischen Gerichtshofes zur Entscheidung von Kompetenzkonflikten. Nach ihm fallen im Sinne der Kabinettsorder von 1831 unter Ansprüche aus Kriegsschäden, für welche daher der Rechtsweg ausgeschlossen ist, z. B. auch Ersatzforderungen diesseitiger Staatsangehöriger und bzw.

---

[1]) Staatsr. d. Preuß. Monarchie, 3. Aufl., 1881, I., S. 706, Anm. 4.

[2]) Zivilprozeßnormen des rheinpreuß. Landesr. (Anhang IV zu Gaupp, Zivilprozeßordnung), S. 11.

[3]) Die Preuß. Gesetze über die Ressortverhältnisse zwischen d. Gerichten u. d. Verwaltungsbehörden, 2. Aufl. 1904, S. 57 Nr. 136 (1. Aufl. 1863 von Th. Oppenhoff).

einer diesseitigen Stadt wegen diesseitig aus Kriegsanlaß beschlagnahmter Sachen (Kähne, Waffen) der ersteren und bzw. wegen diesseitig der betreffenden Stadt auferlegten Kriegslieferung und Kriegseinquartierung. Erkenntnisse des Gerichtshofes z. Entsch. von Kompetenzkonflikten v. 22. November 1851; 16. April 1853; 16. September 1854; 7. Mai 1859[1]).

Der Gerichtshof zur Entscheidung der Kompetenzkonflikte hat aber, soweit mir bekannt, keine umfassende Begriffsbestimmung der „Kriegsschäden" im Sinne der Kabinettsorder von 1831 gegeben.

Droop[2]) und O. Stölzel[3]) beschränken sich auf die allgemeine Bemerkung, daß nach der Kabinettsorder vom 4. Dezember 1831 Klagen auf Ersatz von Kriegsschäden unzulässig seien, ohne den Begriff der Kriegsschäden im Sinne jener Kabinettsorder näher zu erläutern.

Auf die Frage, ob und wie weit man im Sinne der Kabinettsorder von 1831 als einen (durch einen Hoheitsakt verursachten) Kriegsschaden auch einen durch den Feind verursachten Schaden zu erachten hat, gehe ich, da diese Frage hier nicht speziell interessiert, nicht ein. Im übrigen wird man m. E. im Sinne der Kabinettsorder von 1831 als einen durch einen diesseitigen Hoheitsakt verursachten Kriegsschaden anzusehen haben,

die von diesseitigen Staatsorganen

1. den diesseitigen[4]) Staatsangehörigen zu Kriegszwecken oder aus Kriegsgründen auferlegten Lasten und Leistungen;

2. (den diesseitigen Staatsangehörigen oder) den Sachen der diesseitigen Staatsangehörigen zu Kriegszwecken oder aus Kriegsgründen mit Waffengewalt oder sonst mit physischer Gewalt zugefügten Beschädigungen;

3. aus Kriegsgründen mittels staatshoheitlicher Gewalt bewirkte tatsächliche Entziehung des Besitzes (oder der Verfügungsmöglichkeit) von Sachen der Staatsangehörigen oder die

---

[1]) O. Stölzel, Rechtsprechung des Gerichtshofes zur Entscheidung der Kompetenzkonflikte, 1897, S. 55—57 (Nr. 161, 173, 299, 426, 1005).

[2]) Der Rechtsweg in Preußen, 1899, S. 15.

[3]) Rechtsweg und Kompetenzkonflikt in Preußen, 1901, S. 93.

[4]) Auf die entsprechenden Fragen bezüglich der hier befindlichen oder hier Vermögen besitzenden neutralen und feindlichen Staatsangehörigen gehe ich nicht ein.

gleicherweise erfolgte tatsächliche (überdies mit Eigentumsveränderungen sich verknüpfende) Entziehung von Vermögensbestandteilen der Staatsangehörigen (oder der Verfügungsmöglichkeit in Beziehung auf solche), obwohl bei diesen staatshoheitlichen Maßnahmen eine Belastung und Beeinträchtigung von Eigentum (bzw. von Vermögen) der Staatsangehörigen gar nicht beabsichtigt war und deshalb die Voraussetzungen von Ziff. 1 nicht gegeben sind.

4. An die gemäß Ziff. 3 mittels staatshoheitlicher Gewalt bewirkte tatsächliche Inbesitznahme von Sachen (bzw. von Vermögensbestandteilen) eines diesseitigen Staatsangehörigen durch den diesseitigen Staat können sich weitere Vorgänge und Wirkungen anschließen, durch welche auch eine rechtliche Veränderung zuungunsten des betreffenden diesseitigen Staatsangehörigen in Hinsicht auf jene Sachen (bzw. Vermögensbestandteile) desselben hervorgerufen wird (z. B. Veräußerung der staatshoheitlich in Besitz genommenen Sache durch den diesseitigen Staat).

Dies sind dann Folgen und Wirkungen jenes staatshoheitlichen Aktes. Wegen der Ansprüche aus diesen Folgen und Wirkungen jenes staatshoheitlichen Aktes aber ist nach der Kabinettsorder von 1831 der Rechtsweg gleichfalls ausgeschlossen.

Auch die tatsächliche Inbesitznahme von Sachen (bzw. Vermögensbestandteilen) des diesseitigen Staatsangehörigen durch den diesseitigen Staat (oben Ziff. 3) ist entweder der staatshoheitliche Akt selbst oder eine Folge und Wirkung desselben.

Der diesseitige Staatsangehörige, dem die Sache als angebliches Eigentum des feindlichen Staates beschlagnahmt und weggenommen worden ist, der aber in Wirklichkeit selbst Eigentümer der ihm entzogenen Sache war, würde daher m. E. im Hinblick auf die Kabinettsorder von 1831 gegenüber dem diesseitigen Staate im ordentlichen Rechtsweg weder einen Anspruch auf Herausgabe der Sache (BGB. § 985) noch, falls der Staat die Sache inzwischen veräußert hätte, einen Anspruch aus ungerechtfertigter Bereicherung (BGB. § 812) geltend machen können.

Dagegen würde der diesseitige Staatsangehörige m. E. in diesem Falle gegenüber dem diesseitigen Staate im ordentlichen Rechtsweg eine Klage auf Feststellung erheben können, daß — im Augenblicke der staatshoheitlichen Beschlagnahme der Sache —

er der Eigentümer oder der feindliche Staat nicht der Eigentümer derselben gewesen sei. Denn der staatshoheitliche Akt der Beschlagnahme hat sich nur gegen das vermeintliche Eigentum des feindlichen Staates, aber nicht gegen das Eigentum des privaten Besitzers oder einer dritten Person an der Sache gerichtet. Trotz der staatshoheitlichen Beschlagnahme der Sache ist das Eigentum des Besitzers oder der dritten Person an der Sache, wenn es vorher bestanden hatte, auch bestehen geblieben. Eine darauf im ordentlichen Rechtsweg gerichtete Feststellungsklage würde daher weder mit dem Hoheitsakt noch mit dessen Folgen und Wirkungen in Widerspruch treten.

Aus gleichen Gründen würde auch m. E. derjenige, welcher im Augenblick der staatshoheitlichen Beschlagnahme einer Sache des feindlichen Staates ein dingliches Recht (Pfandrecht, Nießbrauch usw.) an derselben gehabt hatte, gegenüber dem diesseitigen Staate im ordentlichen Rechtsweg eine Feststellungsklage auf Anerkennung dieses Rechtes erheben können. Nur dann würde sich dies anders verhalten, wenn und soweit nach Völkerkriegsrecht die staatshoheitliche Beschlagnahme der dem feindlichen Staate gehörigen Sache ohne weiteres den Untergang jener dinglichen Rechte ohne alle privatrechtlichen oder öffentlich-rechtlichen Ansprüche der bisher dinglich Berechtigten auf Entschädigung durch den diesseitigen Staat nach sich zöge. Denn dann fehlte es an dem für die Feststellungsklage erforderlichen rechtlichen Interesse an der Feststellung, daß jenes dingliche Recht bis zum Augenblick der staatshoheitlichen Beschlagnahme der Sache bestanden hatte.

Umgekehrt, wenn trotz der staatshoheitlichen Beschlagnahme das dingliche Recht mit irgendwelchen daraus entfließenden Ansprüchen fortbestände oder an Stelle des bisherigen dinglichen Rechtes irgendwelche Ansprüche des bisher dinglich Berechtigten gegen den beschlaglegenden Staat getreten wären, so würde der bisher dinglich Berechtigte jene Ansprüche nicht im ordentlichen Rechtsweg gegen den diesseitigen Staat verfolgen können, da sie als Folge und Wirkung des staatshoheitlichen Aktes erschienen.

Es fragt sich: wenn im okkupierten feindlichen Staatsgebiet eine solche gegen feindliches Staatseigentum gerichtete Beschlagnahme bei feindlichen Privatpersonen erfolgt ist, können letztere dann auf Grund ihrer dinglichen Rechte an der beschlagnahmten Sache (bei Maßgeblichkeit der vierten Haager Konvention vom 18. Oktober 1907) im ordentlichen Rechtswege klagen, weil R. Art. 23 Abs. 1 h die Ausschließung der Klagbarkeit verbietet?

R. Art. 23 Abs. 1h hat wohl nicht direkt an den Fall gedacht, daß bei einem primär gegen das (vermeintliche) Eigentum des feindlichen Staates gerichteten kriegerischen Akt sekundär Rechte feindlicher Privatpersonen in Mitleidenschaft gezogen werden. Aber immerhin spricht vieles für die Zulässigkeit des ordentlichen Rechtsweges.

§ 22.

Anders, als der Begriff „Kriegsschaden durch Hoheitsakt" nach der Kabinettsorder von 1831, ist m. E. der Begriff „aller (sonstigen, d. h. durch dies Gesetz nicht oder nicht hinreichend entschädigten), durch den Krieg verursachten Beschädigungen an beweglichem und unbeweglichem Eigentum" im Sinne des § 35 des Reichsgesetzes vom 13. Juni 1873 zu verstehen.

Nur erwähnt sei (ohne weiteres Eingehen darauf), daß dies Reichsgesetz, welches von Kriegsbeschädigungen an beweglichem und unbeweglichem Eigentum, aber nicht von durch Hoheitsakt verursachtem Kriegsschaden handelt, bei den Kriegsbeschädigungen ganz besonders auch die durch den Feind[1]) verursachten Kriegsbeschädigungen und dabei auch die durch den Feind dem beweglichen und unbeweglichen Eigentum auferlegten Kriegslasten und Kriegsleistungen im Auge hat.

Unter Kriegsschäden, die durch Hoheitsakte des diesseitigen Staates den diesseitigen Staatsangehörigen verursacht werden, haben wir oben (§ 21) im Sinne der Kabinettsorder von 1831 vier Kategorien unterschieden.

Von diesen vier Kategorien lassen wir hier die erste außer Betracht, insofern das Reichsgesetz von 1873 diese Kategorie besonders regelt (§§ 1—33) und bzw. erwähnt (außergewöhnliche Kriegsleistungen: § 35).

---

[1]) Insoweit der Feind solche Kriegsbeschädigungen völkerrechtswidrigerweise verursacht hat, ist er nach Art. 3 der vierten Haager Konvention vom 18. Oktober 1907 zum Schadensersatze verpflichtet. Auch ist nach diesem Artikel der feindliche Staat für alle (völkerrechtswidrigen) Handlungen verantwortlich, die von den zu seiner bewaffneten Macht gehörenden Personen begangen werden.

Von den dann verbleibenden drei Kategorien (oben § 21 Ziff. 2—4) von Kriegsschäden im Sinne der Kabinettsorder von 1831 fällt m. E. schlechthin nur die unter Ziff. 2 erwähnte auch unter den Begriff der Kriegsbeschädigungen im Sinne des § 35 des Reichsgesetzes von 1873.

Es sind das die den Sachen[1]) der diesseitigen Staatsangehörigen zu Kriegszwecken oder aus Kriegsgründen mit Waffengewalt oder sonst mit physischer Gewalt zugefügten Beschädigungen.

Außerdem aber werden hierhin noch die Fälle zu rechnen sein, in welchen nach Völkerkriegsrecht (und bzw. nach staatlichen Rechtsbestimmungen) infolge der Beschlagnahme des feindlichen Staatsgutes auch die privatrechtlichen dinglichen Rechte von Privatpersonen, welche bisher an der beschlagnahmten Sache bestanden haben, ohne Hinterlassung privatrechtlicher Ansprüche jener Privatpersonen gegen den beschlaglegenden Staat untergehen, in welchen aber aus anderen besonderen Gründen eine öffentlich-rechtliche Pflicht des beschlaglegenden Staates zur Gewährung einer Entschädigung an die verletzten Privatpersonen erwächst.

Es sind also insgesamt die Fälle, in welchen nach Völkerkriegsrecht (und bzw. nach staatlichen Rechtsbestimmungen) berechtigter und bezweckter Weise entweder die Sachen oder die privatrechtlichen dinglichen Rechte der Privatpersonen der Kriegsgewalt erliegen.

Nur diese Kategorien erscheinen als Kriegsbeschädigungen im Sinne des § 35 des Reichsgesetzes. Nur hinsichtlich dieser Kategorien von Beschädigungen gilt daher, daß eine Entschädigung dafür nur auf Grund eines Reichs-Spezialgesetzes gewährt werden kann.

Dagegen wenn aus den sonstigen oben § 21 unter Ziff. 3 und 4 erwähnten Kriegsschäden im Sinne der Kabinettsorder von 1831 ein Anspruch gegen das Reich oder eine öffentliche Rechtspflicht des Reiches zur Entschädigung erwüchse, so könnte auch ohne besonderes Reichs-Spezialgesetz dieser Anspruch befriedigt oder diese Entschädigung geleistet werden.

---

[1]) Auf die den Personen der diesseitigen Staatsangehörigen in solcher Weise zugefügten Beschädigungen bezieht sich das Reichsgesetz im Unterschied von der Kabinettsorder nicht.

Für diese andere und engere Auslegung der Bestimmung in § 35 des Reichsgesetzes (im Vergleich mit der Bestimmung in der Kabinettsorder) sprechen m. E. sowohl der unterschiedliche Wortlaut wie namentlich auch innere Gründe.

Dem Reichsgesetz schweben in § 35 (immer abgesehen von eigentlichen Kriegslasten und Kriegsleistungen) nach dem Wortlaut vor allem tatsächliche, physische Beschädigungen an körperlichen Sachen vor.

Die Ausdehnung des Ausschlusses des ordentlichen Rechtsweges auch auf alle oben § 21 unter Ziff. 3 und 4 charakterisierten rechtlichen Beeinträchtigungen, wenn über die Frage der rechtlich zu vertretenden Beeinträchtigungen Streit und Zweifel bestehen, hat ihren guten Grund, vorausgesetzt, daß überhaupt gegen Hoheitsakte und deren Folgen kein Rechtsweg gegeben sein soll.

Dagegen hätte es keinen guten Grund, widerspräche vielmehr der Gerechtigkeit und der Billigkeit, wenn die zuständigen Reichsbehörden auch in denjenigen oben § 21 unter Ziff. 3 und 4 begriffenen Fällen, in welchen eine Vernichtung privatrechtlicher Vermögensrechte der betroffenen Privatpersonen gar nicht bezweckt und nach Völkerkriegsrecht (und bzw. nach den staatlichen Rechtsbestimmungen) auch gar nicht berechtigt, aber die tatsächliche Folge der kriegerischen Beschlagnahme war, — ohne vorangegangenes Reichs-Spezialgesetz — den Ansprüchen der diesseitigen Staatsangehörigen oder der öffentlichen Rechtspflicht des Reiches zur Entschädigung nicht abhelfen könnten, obwohl das Bestehen jener Ansprüche der Betroffenen und der Rechtspflicht des Reiches nach der Rechtslage völlig klar und unzweifelhaft wäre.

Also z. B. wenn die Reichsbehörden dem Betroffenen eine Sache als vermeintliches Eigentum des feindlichen Staates abgenommen, aber nachträglich sich überzeugt hätten, daß dieselbe unzweifelhaft Eigentum des Betroffenen selbst sei, sollten sie dann — ohne vorangegangenes Reichs-Spezialgesetz — nicht in der Lage sein, dem Betroffenen seine Sache oder, wenn sie dieselbe etwa inzwischen veräußert hätten, die dem Reiche aus der Veräußerung zugeflossene Bereicherung herauszugeben?

§ 23.

1. Der kriegführende Staat, welcher körperliches Staatsgut oder Forderungen des feindlichen Staates für sich beschlagnahmt, muß m. E. dingliche Rechte und zwar speziell auch Pfandrechte berücksichtigen, die im eigenen Staatsgebiet vor Kriegsbeginn oder im okkupierten feindlichen Staatsgebiet vor Beginn der Okkupation zugunsten privater Dritter an jenen Gegenständen gültig begründet waren.

So z. B. wenn der feindliche Staat ihm gehörige Wertpapiere dritten privaten Gläubigern verpfändet und bei denselben deponiert hatte [1]).

Der private Pfandberechtigte wird sich allerdings weder der Beschlagnahme noch der Verwertung der beschlagnahmten Sache durch den diesseitigen Staat widersetzen können. Formell geht sein Pfandrecht, wenn dies im Zwecke der kriegerischen Beschlagnahme liegt, unter. Er hat aber m. E. einen Anspruch gegen den beschlaglegenden Staat auf eventuelle Befriedigung seines pfandrechtlich gesicherten Anspruches aus dem Erlöse und bzw. bis zur Höhe des Wertes der beschlagnahmten Sache. Allerdings, im ordentlichen Rechtsweg ist nach dem früher Ausgeführten dieser Anspruch in Preußen nicht verfolgbar. Anderseits kann aber die Befriedigung desselben durch das Reich auch nicht von einem vorgängig zu erlassenden Reichs-Spezialgesetz abhängig gemacht werden.

Dagegen ein Pfandrecht, welches zwar vor der kriegerischen Beschlagnahme, aber im eigenen Staatsgebiet nach Kriegsbeginn oder im okkupierten feindlichen Staatsgebiet nach Beginn der Okkupation an der dort befindlichen, dem feindlichen Staat gehörenden Sache zugunsten dritter privater Gläubiger begründet worden wäre, wäre m. E., ebenso wie ein in dieser Zwischenzeit bewirkter Eigentumserwerb, gegenüber der staatlich-kriegerischen Beschlagnahme wirkungslos. Ein auf solchen dinglichen Rechtserwerb an feindlichem Staatsgut in jener Zwischenzeit gerichtetes Rechtsgeschäft wäre in vielen Fällen aus staatsrechtlichen Gründen unzulässig und ungültig, ja möglicherweise eine strafbare Handlung.

Übrigens sei erwähnt, daß das britische Prisengericht in London bei dem verwandt liegenden Falle aufgebrachter feindlicher Privat-

---

[1]) So auch Huber, aaO., S. 670.

schiffe oder Schiffsladungen, an welchen neutrale oder britische Staatsangehörige ein Pfandrecht erworben hatten, entschieden hat: Dies Pfandrecht bleibe gegenüber dem völkerkriegsrechtlichen Recht des britischen Staates auf die gute Prise wirkungslos und zwar auch, wenn es schon vor Kriegsbeginn, und nicht bloß, wenn es vor der Aufbringung, aber nach Kriegsbeginn erworben war.

Die Pfandgläubiger könnten weder beanspruchen,

a) daß ihnen das beschlagnahmte Schiff, bzw. die beschlagnahmte Ladung zur Inbesitznahme herausgegeben werde, noch,

b) daß sie ihnen zum Verkauf und zur Befriedigung ihrer Pfandforderungen aus dem Erlöse überlassen würden, noch,

c) daß ihnen aus dem Erlöse des als gute Prise verurteilten und dann verkauften Schiffes, bzw. der als Prise verurteilten und verkauften Ladung Deckung ihrer Pfandforderungen gewährt würde.

(Fälle des Schiffes „Marie Gläser" und der Ladungen der Schiffe „The Odessa" und „The Cape Corso".)

Diesen Entscheidungen liegt also die Auffassung zugrunde: Der Zweck des Beuterechts (bzw. Prisenrechts) im Kriege bedinge es und bringe es mit sich, daß nach Völkerkriegsrecht eine im Eigentum des Feindes befindliche Sache, die als solche dem Beuterecht (bzw. Prisenrecht) unterliegt, demselben nicht bloß formell, sondern auch materiell ihrem ganzen Werte nach unterliegt, gleichgültig welche dinglichen Rechte und speziell Pfandrechte und zu wessen Gunsten dieselben vorher nach Privatrecht an jener feindlichen Sache bestanden hatten.

Es ist dies also eine Art „Infektionstheorie", welche dahin geht, daß die feindliche Eigenschaft des Eigentums als des Hauptbestandteiles des Wertes der Sache dieselbe in allen Hinsichten und bezüglich aller anderen dinglichen Rechte, die gewissermaßen nur Nebenbestandteile sind, feindlich macht.

Diese Auffassung würde dann in Übertragung auf Sachen, die dem Beuterecht unterliegen, weil sie im Eigentum des feindlichen Staates stehen, weiter dahin führen, daß solche Sachen des feindlichen Staates dem Beuterecht nicht bloß formell, sondern auch materiell ihrem ganzen Werte nach unterliegen, gleichgültig,

a) ob an denselben vorher nach Privatrecht dingliche Rechte und speziell Pfandrechte zugunsten von Privatpersonen bestanden hatten, und

b) ob diese Privatpersonen feindliche oder nicht feindliche Staatsangehörige sind.

Eine solche Ausdehnung des Beuterechtes an Staatssachen würde aber dem völkerrechtlichen Grundsatz widerstreiten, daß das Privateigentum nicht eingezogen werden darf (R. Art. 46). Denn unter Privateigentum ist dabei Privatvermögen und nicht bloß Privateigentum im formell juristischen Sinne verstanden. Dies erhellt speziell auch aus R. Art. 23 Abs. 1h, wonach die Aufhebung oder zeitweilige Außerkraftsetzung der Rechte . . von Angehörigen der Gegenpartei oder die Ausschließung ihrer Klagbarkeit untersagt ist. Dies völkerrechtliche Verbot erstreckt sich auf die Aufhebung aller Rechte, also nicht bloß selbständiger dinglicher Rechte, wie des Nießbrauches, sondern auch akzessorischer dinglicher Rechte, wie des Pfandrechtes.

Ist also die Ausdehnung des Beuterechtes auf dingliche Rechte, welche feindlichen Privatpersonen an Sachen des feindlichen Staates zustehen, völkerrechtlich unzulässig, so ist in Ermangelung positiver Bestimmungen auch nicht anzunehmen, daß in Folge der Ausübung des Beuterechtes an Sachen des feindlichen Staates dingliche Rechte untergehen, welche nichtfeindlichen Privatpersonen an jenen Sachen des feindlichen Staates zustehen. Und weiter ist zu schließen, daß im Seekrieg bei Ausübung des Prisenrechtes an Sachen feindlicher Privatpersonen die dinglichen Rechte nichtfeindlicher Privatpersonen an jenen Sachen nicht untergehen.

Aber im Hinblick auf die realen Verhältnisse bei Ausübung des Beuterechtes im Krieg und im Hinblick auf den Zweck des letzteren ist allerdings anzunehmen, daß nur materiell, nicht formell der Untergang der dinglichen Rechte der Privatpersonen an feindlichen Staatssachen (und bzw. im Seekrieg: der Untergang der dinglichen Rechte der nichtfeindlichen Privatpersonen an Sachen feindlicher Privatpersonen) ausgeschlossen ist. D. h. die geschädigten Privatpersonen haben nur ein Recht, daß der die Beute machende Staat sie aus dem Wert oder Erlös der erbeuteten Sachen entsprechend entschädigt. Diese Entschädigung kann das Deutsche Reich als beschlaglegender Staat nach dem früher Ausgeführten leisten, ohne daß vorgängiger Erlaß eines Reichs-Spezialgesetzes erforderlich ist.

2. Jedenfalls wird der kriegführende Staat, welcher feindliches Staatsgut beschlagnahmt, nach Privatrecht nur ding-

liche Rechte (speziell Pfandrechte) dritter privater Personen an demselben zu berücksichtigen verpflichtet sein.

Wenn dagegen z. B. bezüglich gewisser bei einer inländischen Bank deponierten Geldbeträge des feindlichen Staates dieser gegenüber der Bank und letztere gegenüber ihm sich verpflichtet hätte, diese Summen nur zur Befriedigung gewisser inländischer Gläubiger des feindlichen Staates zu verwenden, auch vielleicht gegenüber diesen Gläubigern selbst seitens des feindlichen Staates (und der Bank) eine persönliche Verpflichtung zu solcher Verwendung eingegangen wäre, so würden diese Gläubiger aus jenen Verabredungen und Zusicherungen keinen privatrechtlichen Anspruch herleiten können, daß ihr eigener Staat, welcher jene Summen später kriegerisch beschlagnahmt hatte, ihnen aus denselben Befriedigung ihrer Ansprüche gewähren müsse.

a) Aber auch eine öffentliche Rechtspflicht des beschlaglegenden Staates zur Entschädigung jener inländischen Gläubiger des feindlichen Staates ließe sich in jenen Fällen m. E. nicht allgemein und ohne weiteres annehmen. Müßten doch die persönlichen Ansprüche jener Gläubiger gegenüber dem feindlichen Staate und der Bank schon privatrechtlich hinter einem inzwischen etwa von Dritten um ihrer privaten Interessen willen erworbenen Pfandrecht an dem Guthaben zurücktreten. Um wieviel mehr müssen jene persönlichen Ansprüche hinter dem öffentlich-rechtlichen Rechte des diesseitigen Staates auf den ganzen Wert des feindlichen Staatsguthabens zurückstehen, wenn ein öffentlich-allgemeines Interesse besteht, daß durch Entziehung jenes Guthabens kriegerisch nicht bloß der feindliche Staat geschwächt, sondern der diesseitige Staat gestärkt wird!

Nur eine Billigkeitsfrage wäre es deshalb m. E., ob unter gewissen besonderen Umständen trotzdem jenen inländischen Gläubigern vom inländischen Staate eine Entschädigung gewährt werden sollte.

b) Eine öffentliche Rechtspflicht des beschlaglegenden inländischen Staates zur Entschädigung jener inländischen Gläubiger wäre dagegen m. E. anzunehmen, wenn der inländische Staat früher vor Zulassung der Emission der Anleihe des feindlichen Staates im Inlande oder vor Zulassung derselben zum inländischen Börsenhandel es zur öffentlich bekannt gemachten Bedingung dieser Zulassung gemacht hätte, daß seitens des feindlichen Staates jenes inländische Guthaben zur Befriedigung der Ansprüche der inländischen Anleihegläubiger aus demselben unterhalten werden müsse. Denn gegenüber den dadurch hinsichtlich der Zeichnung oder Erwerbung der Anleihetitres beeinflußten inländischen Gläubigern übernahm der inländische Staat eine besondere öffentliche Pflicht, in ihrem Interesse die bestimmungsgemäße Verwendung des betreffenden inländischen Guthabens des feindlichen Staates zu sichern und zu schützen, namentlich aber sie nicht durch seine eigene Handlungen unmöglich zu machen (vgl. auch Einl. z. Preuß. Landr. § 75).

Mögen aber eine öffentliche Rechtspflicht des inländischen Staates (im letzten Falle) oder nur Billigkeitserwägungen (in anderen Fällen) für eine Entschädigung der inländischen Gläubiger geltend gemacht werden können, realisierbar wäre diese Entschädigung in Deutschland seitens des Deutschen Reiches gemäß § 35 des Reichsgesetzes vom 13. Juni 1873 nur auf Grund eines Reichs-Spezialgesetzes.

§ 24.

Die Ausübung des Beuterechts gegen feindliches Staatsgut ist statthaft, selbst wenn sie gleichzeitig einen Eingriff in Rechte gewaltunterworfener Privatpersonen erforderlich macht.

Aber der Eingriff der diesseitigen Staatsgewalt aus solchem Anlaß in die Rechte der gewaltunterworfenen Privatpersonen ist völkerrechtlich (im okkupierten feindlichen Staatsgebiet gegenüber feindlichen Privatpersonen) und staatsrechtlich (im eigenen Staatsgebiet gegenüber eigenen Staatsangehörigen) zulässig nur, wenn dadurch der diesseitige Staat das feindliche Staatsgut tatsächlich in seine Gewalt zu bringen vermag, und nur, soweit dies einen solchen Eingriff erfordert.

Greift der diesseitige Staat behufs Ausübung seines Beuterechtes gegenüber dem feindlichen Staat in die Rechte und speziell in die Privatrechte (Eigentumsrechte, Vermögensrechte) von gewaltunterworfenen Privatpersonen ein, ohne daß er dadurch feindliches Staatsgut in seine Gewalt bringt und zu bringen vermag, so bedeuten die staatshoheitlichen Maßnahmen des diesseitigen Staates eine völkerrechtlich und staatsrechtlich unzulässige Verletzung der Rechte jener gewaltunterworfenen Privatpersonen.

Es liegt dem diesseitigen Staate daher jedenfalls völkerrechtlich und staatsrechtlich die öffentliche Rechtspflicht ob, die verletzten Privatpersonen angemessen zu entschädigen.

Einen im ordentlichen Rechtsweg verfolgbaren Anspruch haben aber nach dem früher Ausgeführten in Preußen die verletzten Privatpersonen — abgesehen von der Möglichkeit der Erhebung einer Klage auf Feststellung ihres Eigentumsrechts usw. — nicht.

Anderseits wird aber, wie gleichfalls schon ausgeführt wurde, das Deutsche Reich seiner öffentlichen Rechtspflicht zur Entschädigung in diesen Fällen regelmäßig genügen können, ohne daß vorgängiges Zustandebringen eines diesbezüglichen Reichs-Spezialgesetzes nach § 35 des Reichsgesetzes vom 13. Juni 1873 erforderlich ist.

§ 25.

Aus den bisherigen Ausführungen ergibt sich die Wichtigkeit der Vorfrage, unter welchen Voraussetzungen der diesseitige Staat durch Maßnahmen gegenüber gewaltunterworfenen Privaten sich die tatsächliche Gewalt über feindliches Staatsgut verschaffen kann.

Die Beantwortung dieser Vorfrage ist relativ leicht bei körperlichen Sachen des feindlichen Staates.

Unbewegliche Güter des feindlichen Staates kann der diesseitige Staat in dem unter seiner Hoheit stehenden oder unter dieselbe provisorisch tretenden Gebiet in Besitz und Nießbrauch nehmen, mögen sich dieselben bisher in der Verwaltung feindlicher Staatsorgane oder von Privatpersonen befunden haben. Hätten aber die Privatpersonen vor Kriegsbeginn (bzw. vor Beginn der Okkupation des feindlichen Gebietes) ein eigenes dingliches Recht an dem unbeweglichen Gut des feindlichen Staates bona fide erworben, so wäre dies seitens des diesseitigen Staates zu berücksichtigen. Eventuell wäre es daher z. B. wohl angemessener, dem privaten Nießbraucher eines solchen Gutes dasselbe zu belassen.

Die im okkupierten feindlichen oder im eigenen Staatsgebiet vorgefundenen, dem feindlichen Staate gehörigen beweglichen körperlichen Sachen, insoweit sie geeignet sind, den Kriegsunternehmungen zu dienen (R. Art. 53 Abs. 1), kann der diesseitige Staat beschlagnahmen und sich aneignen, mögen sich diese Sachen bisher in der Hand von Privatpersonen oder von feindlichen Staatsorganen befunden haben.

So z. B. auch Wertpapiere, speziell Inhaberpapiere, welche dem feindlichen Staate gehören und sich in Verwahrung (in eigentlichem depositum) von Privatbanken befunden haben.

§ 26.

Aber nach Kriegsbrauch unterliegen auch Forderungen des feindlichen Staates der kriegerischen Aneignung des diesseitigen Staates[1]).

Bezüglich ihrer aber ergeben sich nach verschiedenen Richtungen erhebliche Schwierigkeiten und Zweifel hinsichtlich der Frage, unter welchen Voraussetzungen sich der diesseitige Staat durch Maßnahmen gegenüber gewaltunterworfenen Privatpersonen die tatsächliche Gewalt über solche Forderungen des feindlichen Staates verschaffen kann.

Nehmen wir den einfachen, aber praktisch wichtigen Fall, daß der feindliche Staat bei einer Bank eine Geldsumme hinterlegt und daraus oder aus laufender Rechnung eine Geldforderung gegen dieselbe hat. Dem Erwerb des Eigentumsrechtes an einer beweglichen körperlichen Sache des feindlichen Staates käme juristisch am nächsten, daß der diesseitige Staat an Stelle des feindlichen Staates das Forderungsrecht gegen die Bank erwürbe.

Aber es kommt in Betracht, daß der Rechtserwerb des diesseitigen Staates seine ganze Grundlage nur in der gegenüber dem feindlichen Staate gewaltsamen Herstellung eines tatsächlichen Verhältnisses der Aneignung hat.

---

[1]) Dies wurde bisher schon in der Praxis und überwiegend in der Literatur angenommen. Dagegen Lueder, aaO., IV., S. 497; Despagnet-de Boeck, aaO., S. 939. Es ergibt sich jetzt auch aus R. Art. 53, dessen Ausdruck „valeurs exigibles“ allerdings nicht ganz klar ist. Die deutsche amtliche Übersetzung gibt denselben mit den Worten „eintreibbare Forderungen“ wieder. Huber, aaO., S. 663, 669 sq.

Die Forderung des feindlichen Staates als unkörperliches Recht aber kann der diesseitige Staat sich überhaupt nicht in der Weise und in dem Sinne unmittelbar tatsächlich aneignen, wie er dies bezüglich einer körperlichen Sache des feindlichen Staates vermag.

Eine Erklärung des diesseitigen Staates, daß er nunmehr an Stelle des feindlichen Staates der aus der Forderung Berechtigte sei, würde jedenfalls für sich allein kein tatsächliches Gewaltverhältnis des diesseitigen Staates über die Forderung herstellen und daher für sich allein nicht genügen, ihm schlechthin das Recht aus der Forderung an Stelle des feindlichen Staates zu verschaffen.

Ein unmittelbar tatsächliches, körperliches Gewaltverhältnis kann der diesseitige Staat vielmehr nur gegenüber der Person und gegenüber den Vermögensobjekten des Schuldners dieser Forderung herstellen. Mit anderen Worten: das in einer Forderung des feindlichen Staates bestehende Vermögensobjekt desselben kann der diesseitige Staat überhaupt nicht unmittelbar, sondern nur mittelbar in seine tatsächlich-körperliche Gewalt bringen.

Nur wenn und nur soweit er dies wenigstens mittelbar — in der Person und in den Gütern des Schuldners — vermag, nur soweit kann er sich Forderungen des feindlichen Staates gewaltsam-kriegerisch aneignen.

§ 27.

Die zivilprozessuale Zwangsvollstreckung in Forderungen eines Schuldners erfolgt regelmäßig am Sitze des Schuldners und nur ausnahmsweise am Sitze des Drittschuldners (ZPO. §§ 828, 829)[1]).

Aber Schuldner ist der feindliche Staat nicht, wenn ihm gegenüber das kriegerische Beuterecht ausgeübt wird. Selbst eine im okkupierten feindlichen Staatsgebiet erfolgte Beschlagnahme einer Forderung des feindlichen Staates vermöchte, bloß weil der feindliche Staat dort gewissermaßen seinen Sitz hätte, nicht dem diesseitigen Staate eine tatsächlich-körperliche Gewalt in Beziehung auf das feindliche Vermögensobjekt zu geben. Nach dem oben Ausgeführten würde sie daher auch keine genügende Unterlage für die rechtlich wirksame kriegerische Aneignung der Forderung bilden.

---

[1]) Vgl. auch Preußische Verordnung betr. das Verwaltungszwangsverfahren wegen Beitreibung von Geldbeträgen, vom 15. November 1899, §§ 4, 5, 17, 36, 39.

Vielmehr was in der zivilprozessualen Zwangsvollstreckung die Ausnahme ist, muß für die Wirksamkeit kriegerischer Beschlagnahme der Forderungen des feindlichen Staates die Regel bilden, daß nämlich diese Beschlagnahme wirksam nur am Sitze des Drittschuldners erfolgen kann[1]). Denn nur durch die tatsächliche Gewalt über die Person des Drittschuldners bekommt der diesseitige Staat dort mittelbar eine tatsächliche Gewalt über die Forderung des feindlichen Staates.

Aber auch die Gewalt über die Person des Drittschuldners genügt nicht immer, um dem diesseitigen Staate wirklich tatsächliche Gewalt über die Forderung des feindlichen Staates an denselben zu verschaffen. Zivilistisch und zivilprozessual besteht die Fiktion, daß am Sitze einer Person sich der Mittelpunkt ihrer gesamten Vermögensverhältnisse befinde.

Aber in völkerrechtlichen und erst recht in völkerkriegsrechtlichen Verhältnissen ist mit Rechtsfiktionen wenig anzufangen. Nur die Realität der Dinge entscheidet.

Unter diesem Gesichtspunkt werden, auch wenn der diesseitige Staat wirklich tatsächliche Gewalt über die Person des Drittschuldners, sei es im okkupierten feindlichen Staatsgebiet, sei es im diesseitigen Staatsgebiet, hat, drei Fälle zu unterscheiden sein:

1. Die Gesamtheit der dem Drittschuldner derzeitig gehörenden Vermögensobjekte befindet sich auch unter der tatsächlichen Gewalt des diesseitigen Staates, sei es im okkupierten feindlichen Staatsgebiet oder sei es im diesseitigen eigenen Staatsgebiet.
2. Ein Teil der derzeitigen Vermögensobjekte des Drittschuldners befindet sich im feindlichen Staat unter dessen Gewalt.
3. Ein Teil der derzeitigen Vermögensobjekte des Drittschuldners befindet sich in neutralen Ländern.

Im ersten Fall kann der diesseitige Staat sich wirklich tatsächliche Gewalt über die Forderung des feindlichen Staates durch seine Beschlagnahmemaßnahmen gegenüber dem Drittschuldner verschaffen.

Er kann sich von dem Drittschuldner einen dessen Schuld an den feindlichen Staat entsprechenden Betrag auszahlen lassen

---

[1]) Vgl. auch Huber, aaO., S. 675 sq.

und, da alle Vermögensobjekte des Drittschuldners sich auch unter seiner Gewalt befinden, tatsächlich verhindern, daß der feindliche Staat seinerseits sich noch Befriedigung von demselben verschaffen kann.

Im zweiten Falle liegen die Dinge anders:

Zwar kann der diesseitige Staat sich auch in diesem Fall auf Grund seiner Beschlagnahmemaßnahmen von dem Drittschuldner einen dessen Schuld an den feindlichen Staat entsprechenden Betrag auszahlen lassen und dazu erklären, daß dadurch die Schuld des Drittschuldners an den feindlichen Staat getilgt sein solle.

Aber in diesem Falle haben die Maßnahmen des diesseitigen Staates demselben keine wirklich tatsächliche Gewalt über die Forderung des feindlichen Staates zu verschaffen vermocht. Das, was er sich von dem Drittschuldner hat auszahlen lassen, war tatsächlich Geld dieses Drittschuldners. Die bloße Erklärung des diesseitigen Staates, daß dieses Geld als das Vermögensobjekt des feindlichen Staates betrachtet werden solle, hat an sich keine völkerrechtliche Wirksamkeit jenseits des Machtbereiches des diesseitigen Staates.

Vielmehr bleibt es dem feindlichen Staate tatsächlich unbenommen, in seinem Gebiete seine privatrechtliche Forderung gegen den Drittschuldner geltend zu machen und aus den dort befindlichen Vermögensobjekten des Drittschuldners zur Vollstreckung zu bringen.

Tut er dies, so ergibt sich eben, daß der diesseitige Staat nur das Geld des privaten Drittschuldners, aber nicht das Vermögensobjekt des feindlichen Staates beschlagnahmt und sich angeeignet hatte. Es wäre falsch, zu sagen, die Priorität der Maßnahmen entscheide nach Völkerrecht; habe der diesseitige Staat seine Maßnahmen gegenüber dem Drittschuldner zuerst durchgeführt, so seien nach Völkerrecht auch von dem feindlichen Staate dieselben als wirksam und daher die Forderung des feindlichen Staates an den Drittschuldner als erloschen anzuerkennen.

Denn nur wenn die Maßnahmen des diesseitigen Staates gegenüber dem Drittschuldner ihm eine tatsächliche Gewalt über die Forderung des feindlichen Staates zu verschaffen vermocht hätten, würden sie eine nach Völkerkriegsrecht genügende Grundlage für den Rechtserwerb des diesseitigen Staates an dem Vermögensobjekt dieser Forderung des feindlichen Staates gebildet haben.

Da die Maßnahmen des diesseitigen Staates dies aber tatsächlich nicht vermocht haben, so sind sie nach Völkerkriegsrecht wirkungslos, d. h. sie können die Forderung des feindlichen Staates an den Drittschuldner nicht zum Erlöschen bringen.

Juristische Wirkungen, wie sie unabhängig von der tatsächlichen Wirkung oder über dieselbe hinaus, sich an Pfändungen usw. von Forderungen nach bürgerlichem und Zivilprozeßrecht knüpfen, kommen bei dieser Beschlagnahme nach Völkerkriegsrecht nicht in Betracht.

Bei schärferem Zusehen dürften jedoch in Beziehung auf diesen zweiten Fall zwei rechtlich verschieden liegende Unterfälle zu unterscheiden sein, je nachdem der diesseitige Staat gegenüber seinem eigenen Angehörigen in seinem eigenen Staatsgebiet oder gegenüber einem Angehörigen des feindlichen Staates im okkupierten feindlichen Gebiet die Forderungen des feindlichen Staates an dieselben beschlagnahmt hatte. Nur für die erste Alternative wird schlechthin das oben Ausgeführte gelten. Dagegen für die zweite Alternative wird doch die Priorität der Maßnahmen des diesseitigen Staates vor denen des feindlichen Staates bedeutsam werden können.

Denn die zuerst ergriffenen Maßnahmen des diesseitigen Staates sollen sich gegen das Vermögen des feindlichen Staates und nur sekundär gegen private Rechte des Drittschuldners richten. Erfolgte nun die Aktion des diesseitigen Staates gegen einen eigenen Staatsangehörigen in seinem eigenen Staatsgebiet, so zeigen die späteren tatsächlich erfolgreichen Maßnahmen des feindlichen Staates gegenüber diesem privaten Drittschuldner, daß es dem diesseitigen Staate nicht gelungen ist, seine Aktion, wie er beabsichtigte, primär gegen den feindlichen Staat und nur sekundär gegen den privaten Drittschuldner zu richten, daß er vielmehr ausschließlich nur seinen eigenen Staatsangehörigen dadurch getroffen hat. Es würde daher hier ein Fall vorliegen, in welchem seitens des diesseitigen Staates dem zweimal zur Bezahlung derselben Schuld genötigten diesseitigen Drittschuldner eine Entschädigung zu gewähren wäre und hier in Deutschland gewährt werden könnte, ohne daß gemäß § 35 des Reichsgesetzes vom 13. Juni 1873 ein vorgängiges Reichs-Spezialgesetz erforderlich wäre.

Denn erstens hätte der Drittschuldner einen wegen der Kabinettsorder von 1831 allerdings nicht im ordentlichen Rechtsweg geltend zu machenden Anspruch analog dem rein privatrechtlichen Anspruch aus ungerechtfertigter Bereicherung (BGB. § 812; vgl. aber auch § 815 a. E.). Die Befriedigung dieses Anspruches könnte ohne vorgängiges Reichs-Spezialgesetz erfolgen.

Zweiters hätte der diesseitige Staat gegenüber dem diesseitigen Drittschuldner, den er durch die kriegerische Beschlagnahme zur Zahlung der Schuld an ihn gezwungen hatte, dadurch auch eine besondere öffentliche Pflicht des Schutzes gegen Nötigung zu nochmaliger Zahlung von seiten des feindlichen Staates übernommen. Es bestände daher für ihn, wenn er dieser Schutzpflicht tatsächlich nicht zu genügen vermochte, eine öffentliche Rechtspflicht zur Entschädigung des Drittschuldners. Dieser öffentlichen Rechtspflicht würde aber das Deutsche Reich nur auf Grund eines vorgängigen Reichs-Spezialgesetzes zu genügen in der Lage sein.

War dagegen die Aktion des diesseitigen Staates gegen einen Angehörigen des feindlichen Staates im okkupierten feindlichen Staatsgebiet gerichtet, so brachte sie den feindlichen Staat in eine tatsächliche Zwangslage. Der feindliche Staat konnte zwar unter Verletzung der privaten Rechte seines eigenen Staatsangehörigen von diesem die Schuld nochmals einziehen. Aber das war dann im Verhältnis zum diesseitigen Staat ein Akt versuchter Kriegsgewalt (nämlich der indirekten Wiederentziehung des vom diesseitigen Staat bereits tatsächlich Angeeigneten). Dieser Versuch aber war erfolglos. Denn er traf unmittelbar nur den eigenen Staatsangehörigen des feindlichen Staates in seinen Rechten. Der diesseitige Staat aber, der in seinem Machtbereich den feindlichen Staatsangehörigen als tatsächlichen Drittschuldner des feindlichen Staates in Anspruch genommen hatte, ist jenseits der Grenzen seines Machtbereichs zu einem Schutze des feindlichen Staatsangehörigen gegen nachteilige Folgen jener Inanspruchnahme und namentlich zu einem Schutze gegen nachteilige Folgen, die von dessen eigenem Staat verursacht sind, nicht verbunden. Unbekümmert um die nachträgliche Aktion des feindlichen Staates gegen dessen eigenen Staatsangehörigen, kann der diesseitige Staat bei der Auffassung beharren, daß er dem letzteren ein Vermögensobjekt des feindlichen Staates abgenommen habe, wozu er völkerkriegsrechtlich befugt war. Der feindliche Staatsangehörige hat daher gegen den diesseitigen Staat keinen Anspruch aus (quasi) ungerechtfertigter Bereicherung, und für den letzteren besteht auch nicht eine auf besondere Schutzpflicht zurückzuführende öffentliche Rechtspflicht zur Entschädigung des ersteren. Der feindliche Staatsangehörige würde nur möglicherweise gegen seinen eigenen Staat unter dem einen oder dem anderen Gesichtspunkt einen Anspruch haben.

Im dritten Falle endlich, d. h. wenn der hiesige Drittschuldner des feindlichen Staates auch in neutralem Lande Vermögen hätte, würde die von dem diesseitigen Staate hier vorgenommene Beschlagnahme des Guthabens des feindlichen Staates als bloße *kriegerische Gewaltmaßnahme nur innerhalb* des *Gewaltbereiches* des diesseitigen Staates (d. h. nur innerhalb seines eigenen und des okkupierten feindlichen Staatsgebietes) wirksam sein. Die Frage wäre aber, ob sie als völkerkriegsrechtlich wirksame *Rechtsmaßnahme* auch im dritten neutralen Lande anzuerkennen wäre.

Davon würde abhängen, ob der feindliche Staat im dritten neutralen Lande seine Forderung gegen den Drittschuldner noch im privatrechtlich-zivilprozessualen Wege würde geltend machen können oder nicht.

Aus den oben erörterten Gründen wäre nun m. E. anzunehmen, daß der feindliche Staat seine Forderung gegen den Drittschuldner in dem dritten neutralen Lande allerdings noch würde geltend machen können, wenn der Drittschuldner ein Angehöriger des diesseitigen Staates wäre, daß dagegen dem Drittschuldner ein Einwand gegen das Verlangen nach nochmaliger Bezahlung der Schuld zustände, wenn der Drittschuldner ein eigener Angehöriger des feindlichen Staates wäre.

Denn aus den dargelegten Gründen wäre die Gewaltmaßnahme des diesseitigen Staates im ersteren Falle nicht, im zweiten Falle aber wohl eine *tatsächlich vollkommen wirksame* Gewaltmaßnahme in bezug auf das Vermögensobjekt des feindlichen Staates gewesen. Deshalb wäre im ersteren Falle nicht, im zweiten Falle aber wohl auch im dritten neutralen Lande anzuerkennen, daß jene *tatsächliche* Gewaltmaßnahme des diesseitigen Staates nach Völkerkriegsrecht die *rechtliche* Aneignung der Forderung des feindlichen Staates zur Folge gehabt und daher im ersten Falle nicht, im zweiten Falle aber wohl das Erlöschen der Forderung des feindlichen Staates gegenüber dem Drittschuldner bewirkt habe.

§ 28.

Der diesseitige Staat kann Forderungen des feindlichen Staates durch Beschlagnahme sich aneignen nur, wenn diese Forderungen fällig sind[1]).

Sind die wirksam beschlagnahmten Forderungen des feindlichen Staates fällig, so kann der diesseitige Staat aber m. E. die Aneignung nicht bloß, wie öfters behauptet wird, durch eigene Einziehung beim Drittschuldner durchführen[2]), sondern auch durch Abtretung, Veräußerung der Forderung an andere Personen, welchen die Einziehung überlassen bleibt. Aber wohlgemerkt nur, wenn die Forderung des feindlichen Staates tatsächlich wirksam im Sinne der früheren Ausführungen beschlagnahmt war und bleibt.

Daß der diesseitige Staat sich nur fällige Forderungen des feindlichen Staates durch Beschlagnahme aneignen kann, folgt daraus, daß die Gewaltmaßnahme der Beschlagnahme, welche die Grundlage der rechtlichen Aneignung bildet, nur während der Kriegsdauer und nur für die Kriegsdauer erfolgen kann, also nicht mehr zur Aneignung führen kann, wenn die Fälligkeit der Forderung erst nach Wiederherstellung des Friedens eintritt. Daher kann der diesseitige Staat auch nicht durch Abtretung einer beschlagnahmten Forderung des feindlichen Staates an eine dritte Person dieser irgendwelche Rechte an der Forderung verschaffen, wenn die Fälligkeit der Forderung erst nach Wiederherstellung des Friedens eintritt. Wohl aber kann der diesseitige Staat durch gegenwärtige Beschlagnahmemaßnahmen die künftige Aneignung einer noch nicht fälligen Forderung des feindlichen Staates für den Fall sichern, daß die Fälligkeit noch während des Krieges eintritt[3]). Aber solche Beschlagnahmemaßnahmen müßten tatsächlich wirksam nicht bloß gegenwärtig, sondern auch noch künftig bei Eintritt der Fälligkeit der Forderung sein, so namentlich in der Hinsicht, daß auch noch künftig bei Eintritt der Fälligkeit eine entsprechende tatsächliche Gewalt des diesseitigen Staates über die Person und die Vermögensobjekte des Drittschuldners besteht. Sonst vermögen sie künftig bei Eintritt

---

[1]) Huber, aaO., S. 674—675.

[2]) So Huber, aaO., S. 664—665, 675.

[3]) Der Ausdruck „valeurs exigibles“ in R. Art. 53 steht dem m. E. nicht entgegen. — Huber, aaO., S. 672 (674—675).

der Fälligkeit der Forderung keine völkerkriegsrechtliche Grundlage der rechtlichen Aneignung abzugeben.

§ 29.

Der Umstand, daß die Forderung des feindlichen Staates — als Wertobjekt aufgefaßt — im Vermögen des Drittschuldners enthalten ist, begründet es, daß tatsächlich reale Beschlagnahmemaßnahmen gegenüber dem Drittschuldner und dessen Vermögensobjekten mittelbar als reale Aneignung des Vermögensobjektes des feindlichen Staates aufgefaßt werden und aufgefaßt werden können.

Daher wird eine kriegerische Beschlagnahme und Aneignung von solchen Forderungen des feindlichen Staates, bei welchen jener Umstand nicht zutrifft, auch nicht auf dem Wege über den Drittschuldner und daher überhaupt nicht möglich sein[1]).

Z. B. wenn eine Bank ohne reale Unterlage sich verpflichtet hätte, dem feindlichen Staat einen von diesem noch nicht benutzten Kredit zu eröffnen, so würde der diesseitige Staat nicht an Stelle des feindlichen Staates von diesem Kredit Gebrauch machen können[2]). Dies würde also selbst dann gelten, wenn ausnahmsweise die Auslegung eines solchen Vertrages zwischen der Bank und dem feindlichen Staate (BGB. § 157) nicht dazu führen sollte, daß infolge der durch den Kriegsausbruch veränderten Verhältnisse derselbe aufgehoben oder jedem Vertragsteil ein Rücktrittsrecht von demselben gegeben sei.

Nach denselben Gesichtspunkten wird sich bestimmen, ob der diesseitige Staat an Stelle des feindlichen Staates eine Forderung aus einem Wechsel oder einem Scheck, der ersterem in die Hand gefallen ist, gegen den Drittschuldner wird geltend machen können[3]).

1. Befindet sich der Drittschuldner außerhalb des vom diesseitigen Staate tatsächlich beherrschten eigenen oder okkupierten feindlichen Staatsgebietes, so kann der diesseitige Staat es schon nicht wegen Mangels seiner wechselmäßigen Legitimation. Denn

---

[1]) Vgl. oben § 9 a. E. und § 10.

[2]) So auch, wenn auch etwas zweifelnd, Huber, aaO., S. 673.

[3]) Nicht richtig oder wenigstens nicht genau, Huber, aaO. S. 664—665, der ohne weitere Unterscheidung dem diesseitigen Staat die Einziehung und nur nicht die Veräußerung solcher von ihm beschlagnahmten Orderpapiere, Präsentationspapiere zuzugestehen scheint.

wenn auch etwa Pfändungen und Überweisungen von Forderungen aus Wechseln usw. zugunsten des Gläubigers im bürgerlich-zivilprozessualen Vollstreckungsverfahren (ZPO. §§ 831, 835, 836) als Rechtsmaßnahmen über das diesseitige Staatsterritorium hinaus wirksam sein sollten und die wechselmäßige Legitimation zu ersetzen vermöchten, so ist die Beschlagnahme des Wechsels als kriegerische Gewaltmaßnahme gegen den feindlichen Staat jedenfalls nur innerhalb des Gewaltbereiches des diesseitigen Staates wirksam und vermag die wechselmäßige Legitimation nicht außerhalb dieses Gewaltbereiches in anderen Staatsgebieten zu ersetzen.

2. Befindet sich der Drittschuldner innerhalb des Gewaltbereiches des den Wechsel, Scheck usw. mit Beschlag belegenden diesseitigen Staates, so wird man weiter unterscheiden müssen:

a) Haftet der Drittschuldner als Akzeptant aus dem Wechsel, so wird es darauf ankommen, ob der Drittschuldner die seitens des feindlichen Staates zu leistende Deckung für die Zahlung der Wechselsumme bereits in Händen hatte oder nicht. Zwar kann der diesseitige Staat formell in beiden Fällen die Zahlung aus dem Wechsel eintreiben. Aber im zweiten Falle wird der diesseitige Drittschuldner (Akzeptant des Wechsels) gegen den diesseitigen Staat alsdann einen Anspruch aus (quasi) ungerechtfertigter Bereicherung haben. Dieser Anspruch kann allerdings in Preußen nicht im ordentlichen Rechtsweg geltend gemacht werden. Aber er kann seitens des Deutschen Reiches ohne vorgängiges Reichs-Spezialgesetz befriedigt werden.

b) Haftet der Drittschuldner nur als eventuell regreßpflichtiger Aussteller oder Indossant aus dem Wechsel oder Scheck,

α) so würde eine Regreßpflicht nicht bestehen, wenn dem diesseitigen Staat die wechselmäßige Legitimation gegenüber dem Bezognen (Akzeptanten) fehlt, weil letzterer sich außerhalb des Gewaltbereiches des diesseitigen Staates befindet;

β) besteht aber formell die Regreßpflicht, so käme es materiell wieder darauf an, ob der Drittschuldner oder ein inländischer Vormann von ihm, an welchen er seinerseits weiteren Regreß zu nehmen vermöchte, Deckung von seiten des feindlichen Staates für die übernommenen

Wechsel oder Scheckverpflichtungen bereits in Händen hat oder nicht.

Der diesseitige Staat wird in seine Hand fallende, dem feindlichen Staate gehörige Inhaberpapiere nicht bloß bei Fälligkeit einziehen, sondern auch unabhängig von der Fälligkeit[1]) der darin etwa repräsentierten Forderung, wie eine bewegliche körperliche Sache des feindlichen Staates, veräußern und verwerten können.

Aber eine Einschränkung wird dabei zu machen sein. Wenn nämlich der Drittschuldner aus dem Inhaberpapier sich weder unter der Gewalt des diesseitigen Staates noch eines neutralen dritten Staates, sondern unter der Gewalt des feindlichen Staates befindet, so könnte der feindliche Staat, um die völkerkriegsrechtliche Wirkung der kriegerisch-tatsächlichen Beschlagnahme des bisher jenem gehörigen Inhaberpapiers seitens des diesseitigen Staates zu paralysieren, seinerseits als kriegerische, gegen den diesseitigen Staat gerichtete Maßnahme eine Zahlungssperre über das Papier verhängen oder das Inhaberpapier kraftlos erklären und dadurch tatsächlich dem diesseitigen Staate die Einziehung der Forderung aus dem Inhaberpapier, sowie ferner unmöglich machen, an Dritte etwas Weiteres als das bloße Papiereigentum ohne die darin enthaltene Forderung zu übertragen. Dasselbe gölte, wenn der feindliche Staat selbst der Schuldner aus dem bereits ausgegebenen, aber zeitweise wieder in seinen Besitz gekommenen Inhaberpapiere wäre und, nachdem dasselbe dem diesseitigen Staate in die Hand gefallen, eine Zahlungssperre anordnete, bzw. das Papier kraftlos erklärte.

Diese Einschränkung ergibt sich m. E. aus der Natur der Verhältnisse und wird (bei Maßgeblichkeit der vierten Haager Konvention vom 18. Oktober 1907) auch durch den Wortlaut des R. Art. 53 Abs. 1 nicht ausgeschlossen. R. Art. 53 Abs. 1, der seinem Wortlaut nach nur von der Zulässigkeit der Beschlagnahme (saisie) und nicht von der daraus nach Völkerkriegsrecht resultierenden rechtlichen Aneignung (confiscation) spricht, setzt ja auch „valeurs exigibles“ („eintreibbare Forderungen“) voraus. Die Forderung aus einem Inhaberpapier, in Beziehung auf welches der feindliche Staat unter den oben dargelegten Voraussetzungen als Kriegsmaßnahme gegen den diesseitigen Staat Zahlungssperre oder Kraft-

[1]) Nicht ganz klar, ob Huber, aaO., S. 664, dies auch annimmt.

loserklärung verhängt hätte, wäre aber nicht „exigible" („eintreibbar").

In diesen Fällen würde dem diesseitigen Staate mit dem Inhaberpapier nicht die tatsächliche Verfügungsmacht über die darin enthaltene Forderung erworben und verblieben sein und daher nach Völkerkriegsrecht auch kein Recht auf den Forderungsanspruch aus dem Papier zustehen.

Schwierig kann, wenn der diesseitige Staat Forderungen des feindlichen Staates bei dem Drittschuldner wirksam beschlagnahmt, auch die Abgrenzung der Kompensationsbefugnis des Drittschuldners mit Gegenforderungen an den feindlichen Staat sein[1]).

§ 30.

1. Hat der diesseitige Staat bei einem diesseitigen Gläubiger des feindlichen Staates eine dem letzteren gehörige und von demselben dem ersteren für dessen Forderung verpfändete Sache kriegerisch beschlagnahmt, so fragt sich, welche Rückwirkung dies auf das Rechtsverhältnis zwischen dem diesseitigen Gläubiger und dem feindlichen Staate hat.

M. E. kann der feindliche Staat gegenüber der Forderung des diesseitigen Gläubigers den Wert der Pfandsache aufrechnen (BGB. §§ 1224, 387). Er kann aber nicht die Befriedigung des Gläubigers von der Rückgabe der Pfandsache abhängig machen (BGB. §§ 1223, 986). Anderseits braucht er nicht — ohne Rücksicht auf den Wert der ihm nicht rückerstatteten Pfandsache — den Gläubiger voll zu befriedigen.

Die Beschlagnahme der Sache ist, da dieselbe dem feindlichen Staate gehört, nach Völkerrecht formell rechtmäßig. Deshalb kann der feindliche Staat nicht die Unmöglichkeit der Rückgabe, in welche sein diesseitiger Gläubiger durch die Beschlagnahme versetzt worden ist, als Vorwand benutzen, um trotz des vielleicht geringeren Wertes der Pfandsache dem diesseitigen Gläubiger die Befriedigung seiner ganzen Forderung vorzuenthalten.

Soweit der Wert der beschlagnahmten Sache den Betrag der durch das Pfandrecht gesicherten Forderung des diesseitigen Gläubigers übersteigt, ist die Beschlagnahme auch materiell begründet. Denn insoweit bildet jener Wert auch materiell ökonomisch einen Vermögensbestandteil des feindlichen Staates.

---

[1]) Vgl. darüber Huber, aaO., S. 672, 674, 677—678.

Bis zum Betrage jener Forderung aber bildet der Wert der Pfandsache bedingt, nämlich für den Fall, daß die Forderung nicht anderweit erfüllt wird, materiell ökonomisch einen Vermögensbestandteil des diesseitigen Gläubigers. Indem nun der feindliche Staat nicht anderweit erfüllt, sondern mit dem Werte der Sache aufrechnet, verwandelt er denselben insoweit in einen unbedingten Vermögensbestandteil des diesseitigen Gläubigers.

Dazu ist er völkerrechtlich im Verhältnis zu dem diesseitigen Staate berechtigt. Denn er schafft nur eine tatsächliche Situation, in welcher der diesseitige Staat eben nicht reale Gewalt über ein Vermögensobjekt des feindlichen Staates hat, und pariert so den vom diesseitigen Staate gegen ihn versuchten kriegerischen Gewaltakt erfolgreich und völkerrechtlich erlaubter Weise.

Aber auch gegenüber dem diesseitigen Gläubiger erscheint das Verfahren des feindlichen Staates rechtlich zulässig. Denn nicht bloß hat, wie wir früher sahen (oben § 23), der diesseitige Staat wegen des Pfandrechts des diesseitigen Gläubigers die Rechtspflicht, diesen, falls derselbe keine anderweite Erfüllung seiner Forderung erhält, bis zur Höhe des Wertes der Pfandsache zu entschädigen, sondern infolge der rechtlichen Beziehung zwischen Pfandsache und Schuld des feindlichen Staates hat letzterer auch die Befugnis, die Erfüllung der Schuld zu verweigern, falls der Gläubiger nicht (zwar nicht die Pfandsache, aber) den Wert der Pfandsache bis zur Höhe der Forderung ihm alsdann herausgibt. Tut der Gläubiger dies nicht, weil ihm selbst jener Wert in rechtlich unzulässiger Weise von dem diesseitigen Staate vorenthalten ist, so kann der feindliche Staat gegen seine Schuld den Gegenanspruch in Höhe jenes Wertes aufrechnen. Infolgedessen richtet sich dann der vom diesseitigen Staate gegen ihn versuchte Gewaltakt in Wirklichkeit nur gegen das eigene Vermögen des diesseitigen Gläubigers.

Der diesseitige Staat, welcher im okkupierten feindlichen Staatsgebiet gegenüber einem feindlichen Staatsangehörigen ohne Rücksicht auf dessen Pfandrecht an der beschlagnahmten Sache des feindlichen Staates entsprechend verführe, würde auch dem feindlichen Staatsangehörigen bis zum Betrage der Forderung desselben an den feindlichen Staat mit dem Werte der Pfandsache entschädigungspflichtig sein, weil jenes Verfahren des diesseitigen Staates gegen den völkerrechtlichen Grundsatz der Unverletzlichkeit des feindlichen Privateigentums verstoßen würde. Deshalb würde der feindliche Staat als Schuldner auch seines eigenen Staatsangehörigen in der Lage sein, gegen seine Schuld den Gegenanspruch auf den Wert der Pfandsache aufzurechnen. Der diesseitige Staat könnte sich nicht darauf berufen, er habe durch die Beschlagnahme des ganzen Wertes der dem feindlichen Staat gehörigen Pfandsache nur diesen getroffen; es gehe ihn nichts an, wenn der feindliche Staat nachträglich durch die erwähnte Aufrechnung das Vermögen des feindlichen Staatsangehörigen schädige. Denn der diesseitige Staat hätte direkt gegenüber dem feindlichen Staatsangehörigen durch Verletzung des Privateigentums desselben eine Völkerrechtsverletzung begangen, für welche er demselben nach Völkerrecht verantwortlich ist.

Andere Folgerungen würden sich ergeben, wenn, was aber oben (§ 23) zurückgewiesen worden ist, anzunehmen wäre, daß das Beuterecht des diesseitigen Staates gegenüber einer dem feindlichen Staate gehörigen Sache sich auch materiell derart auf den ganzen Wert derselben erstrecke, daß durch seine Ausübung frühere dingliche Rechte und so auch Pfandrechte von Privatpersonen an jener Sache schlechthin (materiell) untergingen. Dann würde der feindliche Staat die Schuld an den diesseitigen privaten Gläubiger in vollem Umfang erfüllen müssen, ohne Rücksicht auf das Pfandrecht, welches letzterer an der jetzt vom diesseitigen Staat beschlagnahmten Sache gehabt hatte.

2. Hat der diesseitige Staat bei einer diesseitigen Bank ein Guthaben des feindlichen Staates beschlagnahmt, so kann auch die Frage aufgeworfen werden, ob eine solche Beschlagnahme auf das Rechtsverhältnis diesseitiger Gläubiger des feindlichen Staates zu letzterem zurückwirkt.

a) Das Rechtsverhältnis diesseitiger privater Gläubiger zu dem feindlichen Staate als Schuldner wird — unter der Voraussetzung der völkerrechtlichen Unverletzlichkeit des feindlichen Privateigentums — durch den Krieg an sich nicht modifiziert (vgl. oben §§ 2 und 4). Es wird an sich auch nicht durch die Tatsache abgeändert, daß der diesseitige Staat in völkerrechtlich zulässiger Weise ein Guthaben des feindlichen Staates bei einer diesseitigen Bank beschlagnahmt.

b) Auch wenn auf Grund eines Abkommens zwischen dem feindlichen Staate und der diesseitigen Bank der erstere bei derselben ein gewisses Guthaben zu unterhalten und die letztere es zu verwenden hatte, um die Forderungen der diesseitigen Gläubiger des feindlichen Staates gegen denselben zu erfüllen, so würde m. E. der feindliche Staat aus der kriegerischen Beschlagnahme seines Guthabens bei der diesseitigen Bank durch den diesseitigen Staat, infolge welcher Beschlagnahme die Bank jene Verbindlichkeiten des feindlichen Staates gegenüber den diesseitigen Gläubigern nicht erfüllte, seinerseits nicht einen Einwand gegen die Ansprüche herleiten können, welche die letzteren ihm gegenüber erheben.

Es würde also z. B. der Inhaber eines von einer Staatsbank des feindlichen Auslandes auf das diesseitige Bankhaus gezogenen Schecks, welch letzterer infolge der Beschlagnahme des von der Ausstellerin bei dem Bezogenen unterhaltenen Guthabens nicht eingelöst wurde, gegen die Ausstellerin auf Grund des Schecks und eventuell auf Grund des der Begebung zugrunde liegenden Rechtsverhältnisses Regreß nehmen können, ohne daß der feindliche Staat aus der Beschlagnahme seines Guthabens rechtlich einen Einwand dagegen herleiten könnte.

Dasselbe würde auch für die Ansprüche diesseitiger Gläubiger aus einer Anleihe des feindlichen Staates gelten, wenn die Beschlagnahme ein zur Bezahlung von Anleihezinsen gegenüber Untertanen des beschlaglegenden Staates bestimmtes Bankguthaben betroffen hatte. Auch gegen ihre Ansprüche würde also der feindliche Staat m. E. aus der erfolgten Beschlagnahme seines diesseitigen Guthabens rechtlich keinen Einwand herleiten können.

c) Anders würde es sich aber vielleicht verhalten, wenn der feindliche Staat sich gegenüber dem derzeitigen Inhaber des Schecks (in obigem ersten Falle) verpflichtet hatte, für die Einlösung des Schecks durch das diesseitige Bankhaus zu sorgen und zu diesem Behufe bei demselben ein entsprechendes Guthaben zu unterhalten, oder wenn der feindliche Staat (in obigem zweiten Falle) sich gegenüber den diesseitigen Gläubigern seiner Anleihe verpflichtet hatte, Zinsen usw. dieser Anleihe im diesseitigen Staatsgebiet ausbezahlen zu lassen und zu diesem Behufe bei dem diesseitigen

Bankhaus ein entsprechendes Guthaben zu unterhalten. Ist in diesen Fällen durch die kriegerische Beschlagnahme des unterhaltenen Guthabens dem feindlichen Staate die Erfüllung der übernommenen Verpflichtung zur Zahlung im diesseitigen Staatsgebiet unmöglich gemacht und der dazu bestimmte Betrag entzogen, so würde derselbe gegenüber den Ansprüchen seiner diesseitigen Gläubiger vielleicht geltend machen können: Im Verhältnis zwischen ihm und ihnen müßten sie die Folgen des gewalttätigen Verhaltens ihres Staates tragen. Denn um ihretwillen habe er die ihn belastenden Verpflichtungen übernommen, im diesseitigen Staatsgebiet zu zahlen und daselbst ein entsprechendes Guthaben zu unterhalten, wodurch erst die Möglichkeit des gewaltsamen Vorgehens ihres Staates gegen ihn geschaffen worden sei. Die Voraussetzung der Rechtsvereinbarung zwischen ihm und seinen diesseitigen Gläubigern sei gewesen, daß der diesseitige Staat im Hinblick auf die Staatszugehörigkeit der Gläubiger jenem Rechtsverhältnis seinen Rechtsschutz angedeihen lassen werde, und daß daher die Erfüllung der Rechte dieser Gläubiger gesichert sei, wenn nur er — der jetzt feindliche Staat — im diesseitigen Staatsgebiet das zugesicherte Guthaben unterhielte. Im Interesse seiner Gläubiger und gegen sein Interesse sei der Inhalt ihres Rechtsverhältnisses so gestaltet worden, daß jene Voraussetzung von grundlegender Bedeutung für dasselbe geworden sei. Deshalb müßten seine Gläubiger es sich zurechnen lassen, daß die Befriedigung ihrer Forderung nur deshalb nicht erfolgt sei, weil jene Voraussetzung des Rechtsschutzes seitens ihres Staates sich nicht erfüllt habe, vielmehr gerade umgekehrt durch dessen Gewalttat das nach dem diesseitigen Staatsgebiet verbrachte Guthaben seiner Bestimmung entzogen worden sei. Sie müßten es sich im Verhältnis zu ihm — dem feindlichen Staate — zurechnen lassen, gleichgültig ob sie gegenüber ihrem eigenen Staate, der sich das Guthaben gewaltsam angeeignet habe, einen Entschädigungs- oder Bereicherungsanspruch hätten oder nicht hätten.

d) Hätte der diesseitige Staat bei der Emission der Anleihe des feindlichen Staates zur Bedingung der Zulassung diesseitiger Zeichnungen oder zur Bedingung der Zulassung zum diesseitigen Börsenhandel gemacht, daß der Anleihedienst gegenüber den diesseitigen Anleihegläubigern im diesseitigen Staatsgebiet versehen und deshalb seitens des feindlichen Staates zu diesem Behufe bei dem diesseitigen Bankhaus stets ein entsprechendes Guthaben unterhalten werden müsse[1]), so wäre m. E. für den diesseitigen Staat eine besondere Schutzpflicht in bezug auf die Verwendung des hiesigen Guthabens des feindlichen Staates im Interesse der diesseitigen Gläubiger desselben begründet worden, deren Folgen er sich nicht einfach durch den Hinweis auf den Kriegsausbruch entziehen könnte. Hätte der diesseitige Staat trotzdem nach Kriegsausbruch dieses hiesige Guthaben des feindlichen Staates beschlagnahmt, so ist der letztere m. E. berechtigt, soweit dieses Guthaben zur Versehung des Anleihedienstes bestimmt war und ausreichte, einen Einwand gegen die von den diesseitigen Anleihegläubigern ihm gegenüber erhobenen Ansprüche geltend zu machen. Denn der Inhalt der besonderen Schutzpflicht des diesseitigen Staates in Beziehung auf dieses Guthaben wäre dahin gegangen, darüber zu wachen, daß dies Guthaben bestimmungsgemäß für den Anleihedienst zugunsten der diesseitigen Gläubiger verwandt werde, vor allem aber nicht selbst etwas zu tun, wodurch diese bestimmungsgemäße Verwendung unmöglich gemacht würde. Der feindliche Staat könnte daher gegen die Ansprüche der diesseitigen Anleihegläubiger einwenden: Bei der öffentlich-rechtlichen Verbindung, welche durch die frühere staatliche Aktion des diesseitigen Staates zwischen dessen besonderer Schutzpflicht in Beziehung auf das hiesige Guthaben des feindlichen Staates und den Rechten der diesseitigen Anleihegläubiger hergestellt worden sei, müßten die letzteren sich die Folgen der Gewaltmaßnahme ihres Staates gegen dieses Guthaben zurechnen lassen. Wenn der feindliche Staat, der ihnen gegenüber alles ihm Obliegende getan habe, nochmalige Gewährung seiner Mittel zur Herbeiführung ihrer Befriedigung ver-

[1]) Vgl. Börsengesetz vom 27. Mai 1908 §§ 36 (speziell auch Abs. 3c), 37, 42—48. Ausführungsbest. d. Bundesrats v. 4. Juli 1910, § 4 (speziell Abs. 3), 5—7, 9, 12—14; § 4 Abs. 1 Ziff. 3; § 6 Ziff. 6 u. 9; § 14 Ziff. 2 am Ende. Ganz soweit, wie das im Text Bemerkte, gehen diese Bestimmungen nicht.

weigere, so bedeute dies im Hinblick auf den erwähnten rechtlichen Zusammenhang, daß er es ablehne, seinerseits dazu mitzuwirken, daß die von ihrem Staat gegen ihn unternommene Gewalttat Erfolg habe. Sie müßten sich im Hinblick auf jenen rechtlichen Zusammenhang ausschließlich an ihren eigenen Staat halten, um von demselben Befriedigung oder Ersatz zu erhalten.

§ 31.

Bei den in §§ 30 und 23 gemachten Ausführungen wurde von der Voraussetzung ausgegangen, daß nach Völkerkriegsrecht der Grundsatz der Unverletzlichkeit des feindlichen Privateigentums gelte. Würde dieser Grundsatz aber nicht gelten und würde der feindliche Staat daher körperliches Eigentum und Forderungsrechte der diesseitigen Privatpersonen und speziell Forderungsrechte derselben gegen ihn selbst sich aneignen können und zwar letztere dadurch, daß er sie als erloschen behandelte, so würden sich andere Folgerungen ergeben.

Wie oben (§§ 8 a. E., 15, 25—27) bezüglich des feindlichen Staatseigentums näher ausgeführt worden ist, würde alsdann auch die Voraussetzung und die Grenze der kriegerischen Aneignung diesseitigen Privateigentums immer in dem Umstande gegeben sein, ob der feindliche Staat sich die tatsächliche Gewalt über das diesseitige Privateigentum verschafft hätte.

Bei dieser Sachlage aber würde die Unterhaltung eines Guthabens des feindlichen Staates bei einer diesseitigen Bank zur Sicherung der Befriedigung der Ansprüche der diesseitigen privaten Gläubiger desselben nicht mehr bloß eine tatsächliche, sondern für den Fall des Ausbruches eines Krieges zwischen dem feindlichen und dem diesseitigen Staate auch eine rechtliche Sicherung der Fortdauer der Existenz der Forderungen der diesseitigen Gläubiger gegenüber dem feindlichen Staate bedeuten. Denn infolge dieses diesseitigen Guthabens würde sich der feindliche Staat nicht die tatsächliche Gewalt über die Forderungen der diesseitigen privaten Gläubiger gegen ihn verschaffen können. Eine bloße Erklärung des feindlichen Staates ohne Besitz dieser tatsächlichen Gewalt aber würde nach Völkerkriegsrecht nicht genügen, um die Forderungen der diesseitigen Gläubiger gegenüber ihm zum Erlöschen zu bringen.

Auch bei dieser Sachlage würde die Unterhaltung eines diesseitigen, zur Sicherung der diesseitigen Gläubiger bestimmten Guthabens des feindlichen Staates, welches sich unter dem Schutze und der Gewalt des diesseitigen Staates befände, kein privates Pfandrecht und kein sonstiges privates dingliches Recht der diesseitigen Gläubiger an dem Guthaben begründen. Wohl aber würde sie eine in dem Schutz und der Gewalt des diesseitigen Staates über die diesseitigen Gläubiger und über dieses Guthaben begründete öffentlich-rechtliche Beziehung der diesseitigen Gläubiger zu diesem Guthaben zur Folge haben, auf welcher für den Kriegsfall zwischen den betreffenden beiden Staaten die Sicherung der Fortexistenz der Forderungen der diesseitigen Gläubiger gegen den feindlichen Staat basiert wäre.

Unter obiger Voraussetzung der Zulässigkeit der Aneignung des feindlichen Privateigentums im Kriege würde es ferner zu den speziellen Kriegsaufgaben des diesseitigen Staates gehören, solche tatsächliche Situationen zu schaffen und aufrechtzuerhalten, welche den feindlichen Staat von der tatsächlichen Gewalt über diesseitiges Privateigentum ausschließen, und ihm dadurch eine dem Völkerkriegsrecht entsprechende rechtliche Aneignung diesseitigen Privateigentums unmöglich zu machen.

Trotzdem würde auch unter diesen Umständen m. E. der diesseitige Staat im Hinblick auf den vorgehenden Kriegszweck der Sicherung und Stärkung des diesseitigen Staatsganzen und der Schwächung des feindlichen Staatsganzen nach Völkerkriegsrecht und nach innerem Staatsrecht befugt sein, das diesseitige Guthaben des feindlichen Staates zu beschlagnahmen und sich anzueignen.

Aber es würde alsdann m. E. in allen in § 23 Ziff. 2 und § 30 Ziff. 2 unterschiedenen Fällen und nicht bloß in dem in § 23 Ziff. 2b und im § 30 Ziff. 2d erwähnten Falle eine öffentliche [1]) Rechtspflicht (und nicht bloß eine Billigkeitsverpflichtung) des diesseitigen Staates bestehen, die diesseitigen Gläubiger des feindlichen Staates, deren spezielle Rechte er durch Einziehung des feindlichen Staatsguthabens den Kriegsinteressen des diesseitigen Staatsganzen geopfert hätte, dafür angemessen zu entschädigen. Eine öffent-

[1]) In den Fällen des § 23 Ziff. 1 und § 30 Ziff. 1 würde selbstverständlich die (quasi) privatrechtliche Verpflichtung des diesseitigen Staates gegenüber den diesseitigon Gläubigern des feindlichen Staates begründet sein.

liche Rechtspflicht, die aber in Deutschland gemäß § 35 des Reichs-Kriegsleistungsgesetzes von 1873 nur durch ein Reichs-Spezialgesetz zu realisieren wäre.

Anders wieder wären die Folgerungen, wenn der feindliche Staat nach Völkerkriegsrecht seine Schulden gegen diesseitige Gläubiger zwar nicht als erloschen behandeln, wohl aber die Erfüllung seiner Verbindlichkeiten gegenüber den diesseitigen Gläubigern, welche im übrigen in bisheriger Weise entständen und fortbeständen, bis nach Beendigung des Krieges suspendieren dürfte. Im Hinblick auf solchen völkerkriegsrechtlichen bloßen Aufschub der Erfüllungsverpflichtung des feindlichen Staates könnte für den diesseitigen Staat aus der Beschlagnahme des diesseitigen Guthabens des feindlichen Staates eine öffentliche Rechtspflicht zur Entschädigung gegenüber den diesseitigen Gläubigern des letzteren jedenfalls nur soweit erwachsen, als jener Aufschub als eine Verringerung der Forderungen derselben im Rechtssinne sich darstellte. Dabei käme noch in Betracht, daß der diesseitige Staat nur die öffentliche Rechtspflicht zu nachträglicher Entschädigung der diesseitigen Gläubiger hätte, daß diese auf Grund des zu erlassenden Spezialgesetzes häufig erst nach Beendigung des Krieges erfolgen und daß ihr durch Bewilligung eines Pauschquantums ohne eine dem früheren privatrechtlichen Verhältnis ganz exakt entsprechende Berechnung genügt würde.

Unter diesen Umständen ist es mindestens fraglich, ob auch bei bloßem Aufschub in anderen Fällen, als dem in § 23 Ziff. 2b und § 30 Ziff. 2d erwähnten, eine öffentliche Rechtspflicht des diesseitigen, das Guthaben in Beschlag nehmenden, Staates und nicht bloß vielleicht eine Billigkeitsverpflichtung desselben gegenüber den diesseitigen Gläubigern erwachsen würde.

§ 32.

Im gegenwärtigen Kriege ist infolge der von Großbritannien und seinen Verbündeten Frankreich und Rußland erlassenen Zahlungsverbote, wie wir gesehen haben, die Erfüllung der Verpflichtungen der feindlichen Staaten an diesseitige private Gläubiger für die Dauer des Krieges aufgeschoben. Dieser Zahlungsaufschub widerspricht gerade bei Staatsverpflichtungen der allgemeinen, auch der britischen traditionellen Auffassung vom geltenden Völkerrechtsbrauch. Er ist völkerrechtswidrig und bedeutet eine völkerrechtswidrige Zuwiderhandlung gegen den Grundsatz der Unverletzlichkeit des feindlichen Privateigentums.

Aus dieser völkerrechtswidrigen Handlungsweise der feindlichen Staaten würden aber die dadurch geschädigten deutschen Gläubiger nicht herleiten können, daß das Deutsche Reich, wenn es diesseitige Guthaben der feindlichen Staaten für sich beschlagnahmt hat (so z. B. das diesseitige Guthaben Rußlands), ihnen — den Gläubigern — gegenüber öffentliche Rechtspflichten zur Entschädigung aus jenen Guthaben in dem in § 31 ausgeführten weiteren Umfange und nicht bloß in dem in § 23 (§ 30) bezeichneten engeren Umfange habe. Nur unter dem Gesichtspunkte der Billigkeit könnte dies vielleicht erwartet werden.

Im Hinblick darauf, daß die deutschen Gläubiger durch die feindlichen Zahlungsverbote rechtswidrig Schaden erleiden, könnte es aber vielleicht als eine öffentliche Rechtspflicht des Deutschen Reiches gegenüber ihnen zu erachten sein, daß das Deutsche Reich zur Vergeltung gegen die feindlichen Staaten und deren Staatsangehörige nicht bloß, wie es getan hat, gleichartige Zahlungsverbote erließe, sondern daß es außerdem solche Gegenmaßnahmen anordnete, welche den speziellen Zweck hätten, dem Deutschen Reiche besondere Mittel zu verschaffen, aus welchen es den deutschen Gläubigern Ersatz ihres völkerrechtswidrig erlittenen Schadens leisten könnte.

Dies käme namentlich in Betracht, wenn die feindlichen Staaten dazu übergingen, ihre Zinspflicht gegenüber den diesseitigen Gläubigern für die Dauer des Krieges nicht bloß als aufgeschoben, sondern als aufgehoben zu erklären, was Großbritannien in früheren Kriegen öfters bezüglich der Schulden britischer Privatpersonen gegenüber den feindlichen Personen getan hat.

Auch ist es selbstverständlich Pflicht des Deutschen Reiches gegenüber den deutschen Gläubigern, welche durch das völkerrechtswidrige Verhalten der feindlichen Schuldnerstaaten geschädigt worden sind, bei Friedensschluß tunlichst dafür zu sorgen, daß den deutschen Gläubigern eine angemessene Entschädigung zuteil wird.

Nach Art. 3 der vierten Haager Konvention vom 18. Oktober 1907 ist die Kriegspartei, welche die Bestimmungen des dieser Konvention beigefügten Reglements verletzt, gegebenen Falles zum Schadensersatze verpflichtet.

Verlag von J. Guttentag, Verlagsbuchhandl., G. m. b. H., Berlin W. 10

BANK-ARCHIV

ZEITSCHRIFT FÜR BANK- UND BÖRSENWESEN

ORGAN DES CENTRAL-VERBANDES DES DEUTSCHEN BANK- UND BANKIERGEWERBES

Unter Mitwirkung von hervorragenden Fachmännern herausgegeben von Geh. Justizrat Professor Dr. Riesser, Berlin.

Redaktion: Rechtsanwalt **Otto Bernstein** und Prof. **Dr. Carl Mollwo,** Geschäftsführer des Central-Verbandes des Deutschen Bank- und Bankiergewerbes.

Jährlich 24 Nummern. Preis des Jahrganges 15 M. (per Kreuzband 16.50 M.).

In den seit Kriegsausbruch erschienenen Nummern finden sich **Abhandlungen erster Sachverständiger über die wirtschaftliche und rechtliche Seite der Kriegsereignisse,** deren Kenntnis für jeden Bankpraktiker, Volkswirt und Politiker unerläßlich ist. Außerdem bringt die Zeitschrift regelmäßig Berichte über **die einschlägige Rechtsprechung der obersten Gerichtshöfe** und veröffentlicht neben sonstigen wichtigen bankstatistischen Zusammenstellungen am 15. jedes Monats statistische Angaben über die Kursbewegung der **3 proz. Reichsanleihe,** der **3 proz. französischen** Rente und der **2½ proz. britischen Konsols,** ferner wertvolle **Statistiken über den Verkehr der Reichsbank,** der **Bank von England** und der **Bank von Frankreich** im vorausgegangenen Monat, sowie zweimal im Jahre eine Halbjahrsstatistik über die **Kursbewegung der wichtigsten marktgängigen Wertpapiere des Berliner Kurszettels.** Das Bank-Archiv bildet somit eine **reichhaltige und ausgezeichnete Informationsquelle,** die für die Bedürfnisse der Praxis von größter Bedeutung ist.

Probenummern sendet die Verlagsbuchhandlung kosten- u. postfrei

---

Der Schutz der Gläubiger

gegenüber auswärtigen Schuldnerstaaten

insbesondere bei

auswärtigen Staatsanleihen

Von **Dr. G. S. Freund,** Geh. Regierungsrat.

8°. Preis 1.50 M.

Zur Soziologie und Philosophie des Krieges.

Vortrag, gehalten im „Verband Deutsch-Völkischer Akademiker" zu Brünn.

Von

Othmar Spann.

—— 8°. Preis 1 M. ——

Druck von A. W. Hayn's Erben, Potsdam.

FSC
www.fsc.org
MIX
Papier | Fördert gute Waldnutzung
FSC® C083411

Kolibri 360 GmbH
Ferdinand-Jühlke-Straße 7
99095 Erfurt, Deutschland
produktsicherheit@kolibri360.de